HUMOUR

SOPHIE DIEUAIDE

ŒDIPE SCHLAC ! SCHLAC !

ILLUSTRÉ PAR VANESSA HIÉ

casterman

ROMANS

Tragédie

Il me serait bien malaisé de prétendre le contraire.
Sophocle, *Œdipe Roi*

1

— NON, NON ET NON ! Il n'est pas question de jouer la suite de votre « Godzitor », a dit la maîtresse du bout des lèvres. La fête de l'école approche, j'aimerais que, pour une fois, nous préparions un spectacle de qualité !

Pour une fois ?

Est-ce qu'elle voulait dire par là que notre *Godzitor et les mutants* de l'année dernière ne lui avait pas plu ? J'avais bien aimé, moi, surtout le moment où les mutants passaient un sale quart d'heure. Nous l'avions écrit nous-mêmes ! Au final, Godzitor s'abattait en un instant sur la ville. Godzitor, c'était Charlie en costume argent, accroché à un filin, qui s'est abattu en un instant aussi, sur la scène.

C'était très réussi. Un carnage. Un an après, j'en étais encore ému.

On a échangé nos souvenirs : les répétitions interminables ; les fous rires pendant les essayages des costumes ; notre stress, le soir du spectacle. Le mois de juin était encore plus chaud, cette année-là. Je repensais à mon déguisement de rat mutant en fausse fourrure, à mes oreilles et mon museau rose en plastique mou, quand Mme Lecca m'a ramené à la réalité :

— Moi qui croyais que vous seriez contents de refaire du théâtre !

— Mais oui, madame, l'a rassurée poliment Charlie. Seulement, ça m'arrangerait vraiment si on jouait *Le retour de Godzitor*, il me reste tellement de papier alu !

— Oublie ça ! a répondu sèchement la maîtresse. Oublie les *aliens* et autres monstres. Nous sommes en classe, pas devant la télévision ! Je ne veux pas critiquer le travail de mes collègues, mais vous êtes à l'école pour apprendre. Nous montons la légende d'Œdipe !

— Œdipe ?

Je n'en avais jamais entendu parlé. Mlle Ravier (notre maîtresse de CM 1 que Mme Lecca ne voulait pas critiquer) n'avait jamais prononcé ce nom-là devant nous, j'en suis sûr.

— Œdipe ?

La maîtresse nous a raconté son histoire.

Tout se passait dans l'ancien temps, chez les Grecs.

Je ne sais pas s'il y a un rapport mais c'était d'un embrouillé ! Un roi et une reine avaient un fils. Ils allaient voir l'Oracle, un genre de magicien qui prédit l'avenir. Le magicien leur dit qu'ils auraient plein d'ennuis avec cet enfant-là. Attention, pas des petits ennuis de rien comme mes parents, des gros, des atroces, des catastrophiques. L'Oracle annonça au roi qu'un jour son fils le tuerait ! L'Oracle promettait même que l'enfant épouserait sa propre mère, la reine !

— N'importe quoi ! a dit Baptiste.

Les autres n'ont rien dit, il n'y en avait déjà plus beaucoup qui écoutaient.

Puis Mme Lecca nous a expliqué que le roi, mort de peur d'être assassiné par son propre enfant (c'est vrai que c'est moche), lui ligota les pieds et demanda à un berger de le livrer aux bêtes féroces sur une colline derrière chez lui. Ils ne rigolaient pas, les Grecs, avec la magie.

Coup de chance, comme dans *Blanche-Neige*, un autre berger sauva l'enfant au dernier moment mais il ne le donna pas aux sept nains, il le confia à un autre roi. Il faut dire qu'à cette époque-là, il y avait des rois et des bergers partout.

Le deuxième roi était gentil comme tout. Il appela l'enfant Œdipe (ça nous a fait rigoler, elle prononçait eudipe, eu comme un œuf, quoi !). Œdipe, en grec, ça voulait dire « pieds enflés », d'accord c'était à cause des pieds attachés du petit, mais quand même c'était laid comme prénom. Moi, je préfère le mien, je m'appelle Ludovic, Ludovic Charpentier.

— On ne pourrait pas le changer de nom ? ai-je demandé. Œdipe, c'est affreux !

— Pourquoi pas Léon, comme mon chat ? a dit Nadia.

Mme Lecca a refusé toutes nos propositions. Elle s'énervait, elle ouvrait et fermait son livre souvent. Elle a repris en regardant fixement par la fenêtre comme si elle parlait aux arbres de la cour.

— Faites un effort, c'est très simple... a-t-elle dit aux marronniers. Devenu adulte, Œdipe va lui aussi consulter l'Oracle...

— Le magicien ? Encore ? s'est inquiétée Nadia.

La maîtresse exagérait. Maintenant, même ceux qui écoutaient n'y comprenaient plus rien. Ce n'est pas pour dire, mais *Godzitor et les mutants*, c'était plus simple.

— L'Oracle prévint Œdipe qu'un jour il tuerait son père et épouserait sa mère.

— N'importe quoi ! a encore dit Baptiste. Il l'a cru ?

— Oui, et il a préféré s'enfuir, a ajouté Mme Lecca. Voulez-vous faire une petite pause ?

Nous, on voulait bien.

— Alors révisez vos verbes du troisième groupe... Les verbes en oir...

C'était nul comme pause. J'ai voulu demander à la maîtresse de continuer à nous raconter la légende. J'aurais préféré, mais elle n'était plus là ! Soudain, je l'ai aperçue par l'une des fenêtres de la classe. Le soleil écrasait la cour, à l'ombre d'un des marronniers, Mme Lecca scrutait le ciel. C'était bizarre. J'ai bien vérifié, il n'y avait pas d'avion, pas de nuage, il n'y avait vraiment rien à voir.

2

— Bon !

Mme Lecca est revenue en classe, toute revigorée.

— Reprenons ! Nous en sommes au moment où Œdipe, ayant appris de l'Oracle qu'un jour il tuerait son père et épouserait sa mère, horrifié, a choisi de s'enfuir sans même revoir ses parents. Tout le monde a bien compris ? Vous voulez que je reprenne au début ?

— Oh non ! Ça va... a menti Baptiste.

La maîtresse a eu l'air soulagée.

— Si, en me lisant, vous vous dites que vous auriez préféré que je réexplique, vous n'avez qu'à relire le premier chapitre. Je ne peux passer mon temps à me répéter, faut quand même qu'elle avance, cette histoire !

Bref, Œdipe fonce sur son char vers une autre ville (Thèbes, je crois) quand, à la croisée de trois chemins, un autre char lui bloque le passage. C'est le premier roi, son vrai père, qui le conduit, mais Œdipe n'en sait rien. Le vieux roi s'énerve et grogne qu'il a la priorité. Œdipe refuse de se pousser et forcément, ça dégénère. Œdipe donne un coup de fouet au vieux roi, le vieux roi lui donne un coup de bâton, Œdipe se fâche, il sort son épée et couic ! il le zigouille... Ça y est ! Il a tué son père !

— Wahou ! C'est un violent, votre Œdipe ! ai-je dit à Mme Lecca.

— Ça, ça me plaît comme scène ! a lancé Baptiste. Moi, je fais Œdipe dans votre pièce, madame ! Et vous allez voir c'que vous allez voir ! Schlac, schlac, je fais de l'escrime le mercredi, moi ! Il ne va pas rigoler, l'attacheur d'enfant !

Et on a commencé un duel terrible avec nos règles pour lui montrer qu'on était pile poil les personnages. On était gênés par les tables, et surtout les cartables qui dépassaient dans les allées, il faudrait penser à enlever tout ça pour travailler sérieusement. Schlac ! Schlac ! On a commencé aussi à se disputer. Ni l'un ni l'autre, on ne voulait faire le vieux roi qui ne connaît rien au code de la route.

Cette fois, Mme Lecca s'est assise. Elle a lissé sa jupe grise qui n'avait pas de plis, elle a remonté sur son nez ses lunettes rondes :

— Ludovic, Baptiste... Vous n'allez pas, à la moindre occasion, transformer cette légende en bagarre imbécile ! Nous sommes au cœur de l'histoire, mes enfants ! Au moment où l'irréparable se produit ! Le destin a rattrapé Œdipe ! Il a tué son père ! Et même s'il l'ignore, il en portera pour toujours la terrrrrible responsabilité !

— Schlac ! J' t'ai eu ! a crié Baptiste.

— Asseyez-vous !

On s'est assis, elle nous regardait comme si elle nous promettait, à nous aussi, un destin pas très réparable non plus.

— Je dois vous expliquer comment Œdipe a finalement épousé sa mère. Voilà... Œdipe poursuit donc son chemin et rencontre un monstre effrayant...

— Tssss... elles ne sont pas tranquilles, les routes grecques, a dit Baptiste.

— Ce monstre terrorisait la population de la cité voisine. On l'appelait le Sphinx. Il avait des ailes gigantesques, une tête de femme sur un corps de lion et des serres crochues, il...

— Cool, le costume ! a braillé Charlie. Je veux le rôle, pitié, m'dame, pitié, j'veux le rôle !

Mais il ne l'a pas eu. Pour le calmer, Mme Lecca l'a envoyé faire trois fois le tour de la cour.

En fait, le monstre était vicieux.

Il s'est approché d'Œdipe qui ne lui avait rien demandé et lui a posé une question bizarre en le prévenant que s'il se trompait dans la réponse, il était mort ! Œdipe qui n'était pas un trouillard comme son père (le vrai) lui a répondu et paf ! le monstre, dégoûté de la vie, s'est jeté dans un ravin.

— C'que c'est triste... a pleurniché Lise.

— On ne pourrait pas plutôt jouer une pièce de théâtre comique ? a demandé Nadia.

— Non !

— On ne pourrait pas monter une comédie musicale ? a proposé Marine, cette frimeuse qui va à la chorale.

— Non !

Maintenant, la maîtresse se passait sans cesse la main dans les cheveux. Elle n'était plus tellement revigorée. J'ai voulu lui faire plaisir, montrer que je m'intéressais, et aussi consoler Lise, je l'aime bien, moi, même si c'est une fille. J'ai proposé :

— Y a qu'à dire que le monstre s'est juste cassé la patte !

Je promets que je voulais faire plaisir à Mme Lecca, pourtant c'est là qu'elle a explosé.

— Nooooon ! On ne peut pas ! Œdipe et le Sphinx, c'est un mythe ! Une légende ! On ne touche pas à un mythe ! Nooon ! Le Sphinx ne s'est pas cassé la patte, ni les deux, ni les ailes, ni la tête !

— Alouette, gentille alouette ! a rigolé Baptiste. Le Sphinx, je te plumerai !
C'était tarte de rire à ce moment-là. À cause de lui, Mme Lecca a refusé de nous raconter la suite et elle nous a envoyés dans la cour rejoindre Charlie qui n'avait pas dû comprendre qu'il ne devait faire que trois tours, vu qu'il tournait toujours.

3

— QUELLE question a posée le monstre, déjà ? nous a demandé Baptiste.

Forcément, Nadia, lui et moi, pendant la récré, on n'a parlé que de ça.

Moi, je m'en souvenais. En gros.

Je suis monté sur les marches de la cantine et j'ai battu des bras comme si j'avais des ailes. J'ai crié à Charlie :

— Hé ! Œdipe ! viens par ici ! J' vais te poser ma question de sphinx et t'as intérêt à répondre rapidos, sinon... t'es mort !

— Ah ? a dit Charlie.

— Qui marche le matin sur quatre pattes, le midi sur deux pattes, et le soir sur trois ? Hein ? Qui ?

— Je ne comprends rien, a reconnu Charlie.

— Réponds, mortel !

— Euh... Une araignée... qui a mal aux pieds !

— C'est pas le moment de rigoler, mortel, réponds !

— Euh... Un ours qui travaille dans un cirque ?

Il approchait, il aurait peut-être fini par trouver mais cette idiote de Marine a crié :

— C'est... l'Homme !

Il faut toujours qu'elle se mêle à nos conversations.

— Ah ? a dit Charlie.

— Oui ! Le matin, ça veut dire quand l'homme est bébé, il se traîne à quatre pattes. Le midi, quand il est adulte, il est sur ses deux jambes, mais le soir, le pauvre, quand il est vieux, il a une canne. Une canne plus deux jambes, ça fait trois pattes !

— Complètement débile ! a pouffé Baptiste. Mon grand-père est super vieux, même que quand il était petit, il n'avait pas la télé... eh bien, il n'a jamais eu de canne !

Les grands-pères de Nicolas, de Baptiste, de Marine, de Sergio, de Nadia, de Lise, des jumeaux et de Samuel non plus n'avaient pas de canne. En fait, de grand-père qui marche le soir sur trois pattes, il n'y avait que le mien, mais je n'ai rien dit pour ne pas qu'ils se moquent.

Baptiste semblait très contrarié.

— C'est quand même enquiquinant, cette histoire de canne... Si on joue une pièce qui raconte n'importe quoi devant les parents, ils vont nous prendre pour des rigolos.

Là, on était d'accord. Et on a décidé de revoir ces détails avec la maîtresse dès la reprise des cours.
Ça a sonné, ça tombait bien, mais Mme Lecca n'a rien voulu savoir.
— On ne changera pas une ligne de cette légende ! Si nous montons ce spectacle, je vous préviens, cela sera très exactement comme je l'ai décidé ou cela ne sera pas ! Nous travaillerons le texte ensemble mais JE garde le dernier mot ! C'est à prendre ou à laisser. Maintenant vous vous décidez ! Vous avez cinq minutes...
Ça nous a pris une grosse demi-heure mais les oui ont gagné.
Il y a eu quelques grincements de dents quand elle nous a attribué nos personnages.
— Je ne veux pas être la mère de Baptiste ! a crié Aurélie.
— Je ne serai pas le fils de cette dinde ! a rétorqué Baptiste.
— C'est moi, et moi seule qui distribue les rôles ! a tranché la maîtresse.
Et voici ce qu'elle a décidé :
Baptiste jouerait Œdipe ; Aurélie, sa vraie mère ; Samuel, le vieux roi qui ne sait pas conduire ; moi, je serai l'Oracle (chouette !) ; les jumeaux joueraient les bergers ; Sergio, le roi sympa, et Charlie, le Sphinx

(mais là, je n'ai pas compris pourquoi la maîtresse a changé d'avis). Elle a partagé le reste de la classe en deux groupes, un pour les décors, l'autre pour les costumes. Je n'ai rien dit à Mme Lecca mais il n'était pas question de laisser ces incapables s'occuper du mien, d'ailleurs tous les vrais acteurs pensaient comme moi.

— Dès demain, nous commençons les répétitions ! a annoncé la maîtresse.
On était très excités, sûr qu'ils allaient être étonnés, nos parents !

4

JE N'AI PARLÉ de rien à ma mère, sinon elle n'aurait plus de surprise. Elle repeignait le plafond de la cuisine en jaune. Je lui ai dit bonjour (de loin), elle était assez jaune aussi, et j'ai foncé interroger mon frère.

— Elle est dingue, votre maîtresse ! m'a répondu Thomas, en passant la tête au-dessus de sa pile de livres. La légende d'Œdipe, c'est vachement trop compliqué pour vous !

Il nous prend toujours pour des imbéciles sous prétexte qu'on est en primaire pendant que môssieur prépare le bac.

— Mais non ! Si on fait bien gaffe à ne pas se mélanger dans les rois, ce n'est pas compliqué ! Je voulais seulement que tu me racontes comment Œdipe a épousé sa mère.

— OK ! s'est-il écrié en s'asseyant sur le bord de son bureau. Ta maîtresse vous a dit que le roi était mort ?

Oui, ça, elle nous l'avait dit.
— Elle vous a dit qu'Œdipe avait vaincu le Sphinx ?
Oui, ça, elle nous l'avait dit aussi.
— C'est simple... a continué Thomas d'une voix de professeur. Jocaste, la femme de ce roi tué par Œdipe, s'est donc retrouvée veuve. Et c'est pour récompenser Œdipe d'avoir débarrassé la ville du Sphinx qu'on les marie. Tu me suis ? Bien ! Ils ont des enfants et tout est tranquille pendant très longtemps, mais un jour... Œdipe apprend la vérité ! Quand il comprend qu'il a vraiment tué son père et épousé sa mère, il devient fou, il se crève les yeux et il part sur les routes.
— Pfff, c'est moche comme fin...
— Assez.
C'était moche mais si c'était aussi facile à comprendre, je ne voyais pas pourquoi la maîtresse en faisait un fromage.

Quand j'ai répété ça aux copains le lendemain matin, ils étaient d'accord avec moi, Mme Lecca s'énervait pour pas grand-chose. On a décidé d'être gentils, elle avait peut-être des ennuis, des problèmes de grandes personnes.
On est rentrés en classe, on sentait que ce n'était pas un jour comme les autres. Le temps tournait à l'orage. La maîtresse n'a rien eu à dire pour faire cesser les

bavardages. Elle a baissé les stores et on s'est assis. On commençait à écrire notre pièce, ce n'était pas de la rigolade.
Mme Lecca voulait qu'on « improvise ». « Improviser » signifie qu'on invente les dialogues comme on veut, au fur et à mesure. La maîtresse s'est armée d'un stylo et d'un cahier, prête à noter.
Aurélie (la reine Jocaste) avait amené une peluche pour faire Œdipe bébé.
— T'aurais pu apporter une poupée quand même ! a protesté Samuel. Babar, ça fait guignol pour une légende !
— Ça n'a pas d'importance ! a dit Mme Lecca, c'est une répétition. Commençons ! Donc... Aurélie et Samuel... vous venez d'avoir cet enfant, vous allez consulter l'Oracle. Où est l'Oracle ?
J'étais là, en train d'ajuster mon turban.
Mme Lecca a soupiré :
— Allons-y !
Aurélie et Samuel ont traversé la classe, Aurélie berçait Babar avec énergie :
— *Oooooooh*, s'est-elle mise à brailler. *Que notre enfant est beau, ô mon Roi !*
— *Ah, ça, c'est vrai, ma Reine !* a crié le roi. *Quelle trompe !*
— Non, non, non ! l'a interrompu la maîtresse.

Penses-tu vraiment qu'un roi grec s'exprimerait ainsi ! Enfin ! Un peu de dignité ! Qui veut proposer une tirade à Samuel ?

Nicolas voulait bien. Il s'est mis devant le roi et il a déclamé :

— *Cela est vrai, ô très chère femme ! Par les dieux, qu'il me ressemble !*

Samuel a grommelé qu'il n'y avait pas de quoi être fier, mais la maîtresse était ravie.

— Merci, Nicolas ! Viens à côté de moi, tu m'aideras pour le texte. Reprenons !

— *Mais où allons-nous comme ça, ô mon Roi, de si bon matin pendant que les oiseaux chantent et que les perles de rosée s'évaporent doucement dans les prés verdoyants ?*

— *On va voir l'Oracle !* a enchaîné Samuel. *Et grouillez-vous, ma Reine...*

— Nooooon ! ont crié en même temps Mme Lecca et Nicolas.

D'après Nicolas, un roi grec, ça ne se grouille jamais, « ça presse le pas » ou « ça se hâââte »...

— *On va voir l'Oracle !* a repris Samuel. *Et grouill... euh... Hâââtez-vous, ô ma Reine, parce que ce n'est pas tout près !*

— *Mais, ô mon Roi, n'est-ce point lui que je vois là-baaaaas ?* a tonné Aurélie.

— *Si fait, ma Reine ! Y a pas de doute ! Je reconnais son turban !*

En beau tissu brillant comme il était, c'est vrai qu'on ne pouvait pas me louper. Le roi et la reine se sont approchés de moi. Ils jouaient vraiment bien. Ils marchaient d'un même pas, très lent, très royal. Jocaste tenait Babar à bout de bras.

— *Ô Grand Oracle Magique des Ténèbres Maudites !*

— Non, non, pas de ténèbres ! est encore intervenue la maîtresse.

C'était un peu casse-pieds d'être interrompus tout le temps !

— *Ô Grand Oracle Magique, nous t'apportons notre enfant !* a hurlé la reine.

— *Ô Grand Oracle, ma Reine dit pile la vérité !*

— Non !

— *Il est né ce matin, mais je ne lui ai pas trouvé l'air honnête. J'ai dit comme ça à ma Reine : « Et si on allait voir l'Oracle, il est louche, ce gosse ! » Alors, ma Reine...*

— Nooooon !

Nicolas et la maîtresse voulaient encore tout lui changer, je ne leur en ai pas laissé le temps, j'ai bondi ! J'ai attrapé la peluche, et j'ai fait mine de l'ausculter. Ça faisait bien pour un Oracle, cela faisait professionnel.

— *Mouaiiiis... Vous avez bien fait de venir !* ai-je tonné d'une voix lugubre.

Il y a des filles qui ont poussé un petit cri dans la classe, j'étais content.

— *Faut le tuuuer ! C'est moooche mais... y a pas le choix !*
— Non ! a crié Nicolas.
— *Aaaaaaaaah !* a gémi quand même la reine.
— *Sinon... un jour superrr funeste... il te tuera, ô Roi ! Et il épousera ta Reine !*
— Non ! a crié la maîtresse. Pas de « super » funeste !
— *Sale gosse !* a crié le roi en envoyant valser le Babar à l'autre bout de la classe.
Et Œdipe a atterri dans la boîte de craies.
— Bien fait ! Dans les dents ! a crié Charlie.
Lise et Marine ont commencé à s'énerver que c'était une honte de vouloir tuer Œdipe même si c'était un éléphant, que de toute façon, il était trop petit pour être responsable, qu'il y avait des lois pour protéger les enfants, même les Grecs.
La maîtresse a tenté de les calmer, elle tentait aussi de calmer Nicolas qui pignait parce qu'on n'écoutait pas ses conseils.
— Je vous en prie ! Je vous en prie ! Pas tous en même temps ! Les filles... n'oubliez pas que c'est une légende ! Nicolas, ne t'inquiète pas... nous reprendrons le texte, tu peux me faire confiance ! Mot par mot !
Nicolas s'est rengorgé et Mme Lecca a conclu :
— Soyons positifs, c'est un bon début. Je vous félicite particulièrement pour votre enthousiasme ! Et toi, Ludovic, tu as trouvé immédiatement la voix qu'il fallait !

La voix qu'il fallait ! J'étais gonflé à bloc.
Im-mé-dia-te-ment la voix qu'il fallait !

5

— Bof !

Mon grand frère avait l'air sceptique. Je suis sorti de sa chambre pour me trouver un autre costume. Je me dépêchais, car le soir, Thomas n'aime pas tellement que je le dérange quand il fait ses devoirs.

— Et ça ?

— Pff... non, je ne sais pas... a encore dit mon frère. Il y a quelque chose qui cloche... C'est peut-être les bottes de pluie... ou le peignoir de maman ? Tu sais, le rose pour l'Oracle...

— Oui, mais j'aimais bien la capuche !

— Bof... ça cache ton turban...

Il m'énervait un peu à trouver nulles toutes mes propositions, mais, finalement, il avait raison. Je l'ai compris quand j'ai eu, d'un seul coup, l'idée, la super-idée !

Qu'est-ce que la maîtresse avait aimé dans ma voix ?

Le lugubre ! C'est du lugubre qu'il me fallait ! Plein de lugubre, rien que du lugubre, du qui fait peur !
J'ai trouvé une robe atroce de ma mère dans son armoire, une noire, horrible. Je ne lui ai pas demandé la permission de la prendre mais ça ne devait pas être bien grave, elle ne la met jamais. J'ai dû couper trois centimètres en bas pour qu'on voit mieux les chaussettes noires de mon père. Ah ! j'ai aussi emprunté une écharpe noire pour faire ma cape. Il y avait quelques petits dessins dorés, j'ai collé dessus les araignées en plastique (noires) qui me restaient d'Halloween.
— Thomas ! Thomas ! ai-je crié. Cette fois, ça y est !
— Wahou ! a dit mon frère. T'es mortel !
Il ne pouvait pas me faire un plus chouette compliment. Mortel pour l'Oracle, c'est tout ce qu'il fallait !

Mon idiote de sœur est rentrée du collège à ce moment-là, mais je n'ai pas envie de raconter ce qu'elle a dit, ce n'est vraiment pas intéressant.
Le costume d'Aurélie était magnifique aussi. Le lendemain matin, elle l'a revêtu dès son arrivée à l'école. La classe entière (sauf ceux du groupe costumes) a apprécié, la maîtresse l'a félicitée. Elle portait une belle robe blanche, drapée, retenue par une broche très dorée sur l'épaule, comme chez les anciens Grecs, quoi ! D'un geste élégant de la main, Aurélie soulevait délicatement ses longs cheveux et les laissaient retomber, d'un seul coup, dans son dos. Elle avait dû beaucoup, beaucoup s'entraîner.
Samuel était moins bien et Charlie n'avait pas fait son Sphinx. En attendant, il avait emprunté des ailes de papillon roses à sa petite sœur. Pour la répétition, ça suffisait. Je ne lui ai pas fait de réflexion, tout le monde n'a pas la chance d'avoir une mère comme la mienne avec des trucs qui donnent les chocottes plein les armoires.
Quand Aurélie s'est mise à marcher lentement en soulevant ses cheveux comme je l'ai déjà expliqué, il y a eu un murmure admiratif.
— C'que t'es belle ! s'est écriée Nadia.
— Ça ! T'es un peu moins boudin qu'en jogging ! a dit Charlie. Tu devrais t'habiller comme ça plus souvent.

La reine a voulu le mordre mais il fallait qu'on commence à travailler.

— Aurélie, installe-toi ! l'a pressée Mme Lecca.

— Tu ne perds rien pour attendre, le Sphinx ! a grogné la reine en prenant sa place. Sale bestiole ! Moustique ! Tu vas voir ce qu'il va te mettre comme raclée, mon fils !

En attendant, Œdipe ne pouvait pas faire grand-chose vu qu'il était encore en Babar et qu'en plus il avait les pieds ligotés. Samuel le tenait serré contre lui, marchant à demi plié vers les chaises que le groupe décors avait mises en tas pour figurer la montagne.

— Samuel, c'est toi qui débutes ! a décidé la maîtresse. Pour la dernière fois, enlève ce masque de Batman et mets-toi en place. Nicolas, où en sommes-nous ?

Nicolas a regardé ses notes, il a dit en faisant pas mal de cinéma :

— Le roi et la reine se dirigent vers la montagne avec leur enfant, madame !

Samuel a crié :

— *Viens, ma Reine ! Allons sur la montagne zigouiller l'enfant !*

À cause de Nicolas, Samuel a immédiatement dû reprendre :

— *Allons sur la montagne, nous y déposerons l'enfant les pieds attachés, que son destin s'accomplisse !*

— Quel lâche... a grommelé Baptiste.
— *Oooooooh non!* a crié Aurélie. *Je ne peux pas!*
— *Ah ça! Vous commencez à me fatiguer, Jocaste, ô ma Reine! Faudrait savoir! J'ai pas que ça à faire, moi! J'ai un pays à commander, des barbares à massacrer, que diable!*
— *Ô mon Roi! Ce que vous êtes cruel! Est-ce qu'on ne pourrait pas seulement l'abandonner? Les loups le dévoreront? C'est moins atroce, hein? Hein? Mon Roi?*
— *OK, ma Reine! Y a qu'à faire comme ça...*
La maîtresse a protesté mais Samuel avait déjà sifflé le premier berger.

Ce n'était pas une bonne idée d'avoir choisi les jumeaux pour jouer les deux bergers. Déjà qu'on ne les différenciait pas habillés normalement, alors avec les deux mêmes gilets en peau de mouton...
Le roi s'en moquait que ce soit Jean ou Arnaud, il a ordonné:
— *Dépose-moi ça en haut du tas que les loups le croquent!*
— *C'est comme si c'était fait, Votre Majesté...*
Le berger s'est incliné jusqu'au sol, le Babar sous le bras, le roi et la reine se sont enfuis vers le tableau. Le groupe costumes hurlait déjà à la mort. Ils étaient minables comme loups mais il fallait bien qu'ils fassent quelque chose.

— *Ouuuh... Ouuuuuh...*

On aurait vraiment dit la sirène de l'alarme incendie que Baptiste a déclenchée avant les vacances de Pâques, mais je ne vais pas vous raconter ça maintenant sinon je vais perdre le fil.

— Alors, madame ? C'était comment ? a demandé Samuel.

— Samuel... Tu oublies en permanence que tu es un roi grec !

— Un roi cruel ! a précisé la reine.

— Oui, si tu veux, continuons !

Le berger numéro 2 s'approchait de la montagne.

— *Mais que vois-je par làààà, sur ce tas de montaaagne ?*

Il imitait ma voix d'Oracle que j'avais inventé moi-même, ça m'a agacé.

— *Serait-ce un enfant abandonné làààà pour que les loups ridicules de ces contrées sauvages le dévoooorent ?*

— *Ouuuh... Ouuuuuh...*

— Non, patate ! a rigolé Samuel. Tu ne vois pas que c'est un éléphant qui se bronze ?

— Écrase, l'abandonneur ! a rétorqué le berger.

— Tttt ! a fait la maîtresse. Restons dans l'histoire ! Restons dans l'histoire !

L'histoire devenait ennuyeuse.

Le deuxième berger donnait le Babar au deuxième roi.

Le roi emmenait Babar chez lui, il l'élevait, Babar se transformait en Baptiste, et voilà. Moi, j'aurais bien coupé la scène mais la maîtresse n'a pas voulu.
— C'est essentiel pour la compréhension, a-t-elle expliqué.
Ça m'a fait rigoler vu que personne ne comprenait déjà rien depuis le début, mais bon, c'était Mme Lecca la metteuse en scène.

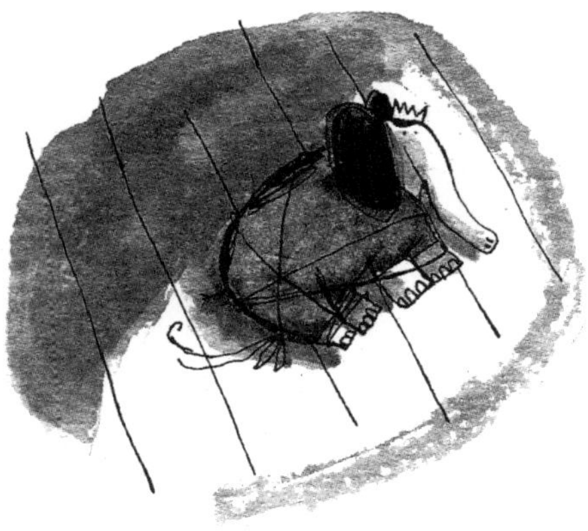

6

LE LENDEMAIN, toute la journée, j'ai répété mon rôle.

L'appartement était tranquille et frais, c'était chouette d'avoir un mercredi au calme pour préparer ma grande scène. La maîtresse avait confirmé que, jeudi matin, Œdipe (Baptiste, pas Babar) viendrait me consulter, moi, l'Oracle magique.

Je lui dirai :

— *Tu es maudit...*

Il pourrait bien répondre ce qu'il voulait, je m'en fichais, je répéterai au moins trois fois :

— *Tu es maudit... maudit... maudit...*

— Tu vas arrêter de faire la chèvre, oui ? a crié ma sœur en entrant (sans frapper) dans ma chambre. J'ai du travail, moi ! Des mathématiques, mon cher ! C'est du sérieux ! On ne fait pas du théâtre, nous ! On bosse !

Elle était un peu méprisante, le nez en l'air, les poings sur les hanches, bien campée sur ses deux jambes. J'ai vu rouge :

— Ah ? Parce que les légendes grecques, ce n'est pas du sérieux ? Ça fait des milliers d'années que ça existe, ma pauvre ! Ce n'est pas comme tes mathématiques qu'on vient d'inventer pour nous pourrir la vie !

Ça lui a cloué le bec, à Margaux.

— Bon ? Je peux m'entraîner pour mon rôle, oui ?

Je n'ai même pas attendu qu'elle referme la porte derrière elle pour me reconcentrer :

— *Et qu'est-ce qui vous amène par iciii, Œdipe ? Oooooh... Je ne vois rien de super terrible dans votre avenir, mon vieux !*

Non ! « *Mon vieux* », ça ne plairait pas à Nicolas...

— *Rien de super terrible dans votre avenir, ô mon Prince !*

Oui ! « *Prince* », c'était très bien.

— *Vous tuerez votre père... Vous épouserez votre mère ! Vous êtes maudit... maudit...*

Je répéterai encore un peu « *maudit* », pour que le public comprenne bien.

Le public, c'était un de nos problèmes.

Mme Lecca nous avait prévenus que nous jouerions devant nos parents et les élèves des autres classes. On n'était pas enchantés. Franchement, tout ce travail pour jouer devant des élèves qui n'y connaissent rien en théâtre, c'était un beau gâchis !

— Sans compter qu'installer une scène dans le réfectoire pour notre représentation presque professionnelle, ça fait un peu minable... avait protesté Baptiste. Vous imaginez la honte si ça sent encore la cuisine ?

— Il a raison ! s'était écrié Samuel. Y aura qu'à dire tout de suite au public : la classe de CM2 de l'école Jean-Jaurès a le plaisir de jouer pour vous aujourd'hui... Œdipe la Frite !

— On ne pourrait pas louer un théâtre correct ? avait insisté Aurélie. Quand même ! Avec le mal qu'on se donne !

— Pourquoi pas l'Opéra ? avait dit Lise. J'y suis allée avec ma grand-mère. C'est un peu grand mais il y a un chouette rideau !

Mme Lecca n'avait pas répondu.

Enfin... on n'en était pas encore à la représentation, ça nous donnait le temps de la convaincre. Ce soir-là, je me suis couché tôt. Je me souvenais d'une interview d'un acteur de cinéma qui expliquait que c'était important pour la voix. Il avait un rôle plus facile que le mien (un gentil dans un western même pas lugubre), mais bon, il était vieux, il devait avoir de l'expérience. Ça m'a permis de me réveiller de bonne heure, de me chauffer la voix, *maudiiiiiit, maudiiiiiiiit,* de me préparer un lait chaud au miel (c'est bon pour les cordes vocales), *maudiiiiit*, *maudiiiiit*, et de peaufiner mon maquillage.

Ah, quand je repense comme j'étais content de foncer à l'école ce matin-là ! Je volais ! J'ai même accroché ma cape dans l'escalier et j'ai failli perdre mon turban quand je suis rentré en courant dans le monsieur encombrant qui attendait le bus !

Forcément, ça m'a fait un choc en arrivant d'apprendre que, ce matin-là, on n'aurait pas de répétition.

7

— Quoi ? Comment ça, aujourd'hui, on s'occupe des décors ?

J'ai hurlé, même que tout le monde s'est retourné.

— Ludovic ! Tu deviens fou ? s'est exclamée la maîtresse. Je me permets de te rappeler que nous sommes en classe...

— C'est son turban, m'dame ! a ricané cet idiot de Samuel. Ça fait trois jours qu'il ne l'a pas quitté. Je suis sûr qu'il dort avec. Forcément, à la longue, ça lui comprime le cerveau !

Je n'ai pas eu besoin de lui coller une claque, Mme Lecca lui a donné le verbe « comprimer », à tous les modes et tous les temps.

J'ai rigolé, discrètement, mais j'ai rigolé quand même. Samuel me menaçait du poing (sous son bureau), moi, je lui susurrais :

— *Maudiiiiiit... Maudiiiiiit...*

— Allez ! Tous au réfectoire !
On a obéi, la maîtresse était énergique, ce matin-là.

C'était moins pire que je croyais. Ce n'est pas que, d'un seul coup, le réfectoire ressemblait davantage à l'Opéra de Paris, non, mais le nouveau concierge et le directeur finissaient d'installer une scène en bois assez haute, assez correcte. Le rideau rouge n'était pas si moche. Il y avait de vrais projecteurs avec des filtres colorés pour les effets de lumières, des câbles et des fils électriques qui couraient partout. Rien à dire, ça ne faisait pas trop amateur, à part peut-être la petite dizaine de chaises en ligne devant la scène.

— Les gens ne vont pas forcément se battre pour voir notre spectacle, a grogné Baptiste, mais... neuf sièges, ça ne fait pas un peu juste ?

Le nouveau gardien l'a fusillé du regard et M. Dayet lui a répondu :

— Nous installerons les autres chaises au dernier moment. Je pense que les élèves apprécieront de continuer de déjeuner normalement tous les midis à la cantine, si tu n'y vois pas d'inconvénient, Baptiste ?

— Non, non...

— Qu'est-ce que je disais ? a grommelé Samuel. Œdipe la Frite !

— Oh là là ! a dit Mme Lecca, d'une voix très joyeuse. Voyez le travail que M. Dayet et M. Géhin ont fait pour nous ! Nous pourrions commencer par les remercier !

— Merci ! Merci ! ont crié les copains sauf Samuel.

Moi, j'ai préféré dire :

— *Merciiiiiii ! Merciiiiii !*

Je ne voulais pas perdre ma voix au cas où la maîtresse changerait encore d'avis.

— Aujourd'hui, nous devons parler des décors, a annoncé Mme Lecca. C'est un gros travail, il faut que l'on choisisse bien nos lieux. Nous ne pouvons pas réaliser dix décors différents.

Nicolas s'est proposé pour faire la liste.

— Il me faut un palais ! a dit Samuel. Un grand ! Un blanc ! Avec des rangées et des rangées de colonnes, des statues et des jardins, et des fontaines et...
— Moi aussi ! a dit Sergio. Un encore plus grand ! C'est quand même moi qui me fatigue à élever ton gosse !
— Faudrait penser aux moutons, a rappelé un des jumeaux. Plein de bergers et pas de mouton, ça fait inventée comme histoire !
— Et une montagne pour abandonner le Babar ! Niak ! Niak ! a rigolé un loup.
— Note aussi un carrefour avec des chars ! s'est exclamé Baptiste. Et une falaise pour que Charlie s'écrase !
— Ah oui ! a renchéri Charlie. Ça, c'est vrai ! Une sacrée falaise, même !
Nicolas se perdait dans ses notes, la maîtresse ne savait plus où donner de la tête, M. Géhin et le directeur non plus. Moi, je suis resté comme un imbécile. C'était quoi, mon lieu à moi ? Je n'y avais jamais pensé. Un Oracle magique, ça ne devait pas habiter dans une caravane. Je devais avoir un endroit spécial, un endroit horrible.
C'est Lise qui a réussi au milieu du bruit à interroger Mme Lecca :
— Et l'Oracle, madame ? Où est-ce qu'on l'installe ?

— Disons... dans un temple, a répondu la maîtresse. Au point où on en est... Je ferai le tri plus tard !

— Un temple ?

— Oui, a expliqué la maîtresse avec agacement. L'Oracle recevait ses visions des dieux...

— Des dieux ?

— Ouiiiii ! Les dieux grecs, les dieux de l'Olympe, il y en a une multitude. Écoute, Lise, on verra ça plus tard... Bon, on peut parler des décors maintenant ?

Ça alors ! Je ne pourrais pas exactement vous dire ce qui s'est passé ensuite, je n'ai pas fait très attention à ce qu'ils ont décidé. D'un seul coup, mon personnage prenait une autre dimension, un genre de dimension cosmique. Dire que j'étais relié en direct avec des dieux olympiques et que je ne le savais même pas !

8

HEUREUSEMENT que j'ai continué à me chauffer la voix pendant la cantine ! Heureusement ! Après la sonnerie, Mme Lecca n'a pas voulu que nous remontions en classe, elle a enfin décidé de reprendre les répétitions.

— Maintenant que notre scène est installée, nous a-t-elle dit, nous travaillerons au réfectoire. Ainsi, vous serez moins impressionnés le jour de la représentation. Commencez ! J'ai quelques papiers à signer chez M. Dayet, je vous rejoins...

C'était bientôt à moi. C'était presque à moi. Le rideau s'est ouvert, lentement, sur le groupe décors et le groupe costumes qui remplaçaient le public. J'étais seul devant mon temple. Ils n'avaient pas eu le temps de le finir. Ce n'était encore que deux poteaux avec une banderole « Temple de l'Oracle », mais le chef du groupe décors m'avait promis des murs sombres et inquiétants. Contre ma Game Boy pendant deux semaines, il était même d'accord pour ajouter quelques têtes de mort.

Le public s'impatientait, Œdipe n'était toujours pas là. Le public commençait à siffler, j'ai improvisé. Après quelques mouvements de cape noire, trois tours sur moi-même, les yeux vers le plafond, j'ai crié :

— *Allôôôôô ? Les dieux ?*

Les copains ont applaudi à tout rompre, preuve que c'était une bonne idée.

— Ça ne va pas la tête, non ? a crié Nicolas. Les Grecs n'avaient pas le téléphone !

— Qu'est-ce que t'en sais, le génie ? T'étais Œdipe dans une autre vie ? a répliqué Samuel. Tu commences à nous fatiguer avec tes tirades !

— Je suis l'assistant-metteur en scène de Mme Lecca, alors quand elle n'est pas là, c'est moi qui commande !

— Quand la maîtresse n'est pas là, on fait ce qu'on veut !

Les copains ont applaudi Samuel et trois loups ont entouré l'assistant pour qu'il n'oublie pas de se taire.

— *Allôôôôô ? Les dieux?* ai-je repris. *Ici l'Oracle ! Ouiii... j'attends Œdipe... Oui, toujours en retard, oui... Allô ? Oui ! Si vous avez un message, c'est le moment ! Allôôôôô...*

J'allais inventer le message quand Baptiste a déboulé sur la scène.

— *Me voilààà ! ô Grand Oracle !* a-t-il crié en finissant d'attacher sa ceinture.

— J'étais aux toilettes, m'a-t-il chuchoté.

Déjà qu'il n'était pas encore déguisé (on se demande ce que fichait le groupe costumes !) mais se rhabiller en public, ça faisait amateur. J'ai fait comme si je n'avais rien vu et j'ai expliqué aux dieux :

— *Aaaaah... Voilà Œdipe ! Bon... je raccroche, à plus tard...*

J'ai regardé Baptiste avec mon pire air menaçant :

— *Maudiiiit... C'est à cette heure-lààà que t'arrives ?*

— *Appelle-moi Prince, l'Oracle, et sois poli !* a crié Baptiste, menaçant aussi.

Oui, il m'a énervé, on était moins copains que d'habitude mais en y réfléchissant, c'était juste ce qu'il nous fallait. On rigole, on rigole, mais ce n'est pas facile de jouer comme ça, devant tout le monde, un type méchant qui maudit son meilleur ami !

— *Tu tueras ton pèèèèèère, Prince à la gomme ! Tu épouseras ta mèèèère ! Maudit !*

C'était formidable, je n'étais plus moi, j'étais l'Oracle magique et Baptiste paniquait.

— *Non ! Non ! Non !*

Le public s'y est mis : « *Maudiiiit ! Maudiiiit !* » et Œdipe s'est enfui. Il a pris son élan, il a sauté de la scène, exactement comme dans la légende !

— L'Oracle, président ! a crié Charlie, mais je n'ai pas compris pourquoi.
— Génial ! Encore ! hurlaient les copains. Attrapez-le !

Si je n'avais pas déjà décidé d'être policier plus tard, moi, je suis sûr que cet après-midi-là, j'aurai choisi de devenir comédien. On n'a pas de revolver, pas de menottes, pas de gyrophare, mais un métier où on se transforme en vrai sans se transformer vraiment, il ne doit pas y en avoir des milliers.
Même ceux du groupe costumes qui me boudaient depuis le début des répétitions m'ont dit que j'étais à l'aise le meilleur acteur.
— Ça ! a renchéri Aurélie. Si Mme Lecca t'avait choisi pour jouer Œdipe à la place de certain, fortiche comme tu es, elle aurait peut-être fini un peu mieux, cette histoire !
Ils étaient vraiment enthousiastes, j'étais au paradis.

Quand Mme Lecca nous a enfin rejoints, Aurélie a insisté :
— Je vous assuuure, madame, il serait cent fois meilleur qu'Œdipe comme Œdipe !
— Non, non, non ! De toute façon, c'est trop tard ! a dit la maîtresse. Nous jouons devant vos parents dans dix jours, exactement.

Bah ! l'Oracle était quand même un super rôle. Et puis, je n'en veux pas à Mme Lecca, elle ne pouvait pas se rendre compte de mon niveau. Ce n'est pas de sa faute, c'est à cause du directeur et de ses fichus papiers qu'elle avait raté toute la répétition.

9

À QUATRE HEURES et demie, je suis rentré sans traîner à la maison, j'avais un boulot fou.

— Pour demain... avait dit la maîtresse, vous préparerez au moins cinq programmes chacun.

Cinq, ça faisait beaucoup, mais les programmes sont indispensables dans un spectacle sérieux.

Mme Lecca nous avait expliqué ce qu'elle voulait :

— Vous plierez une feuille blanche en deux. Sur le dessus, vous collerez un dessin ; à l'intérieur, vous recopierez ce que j'ai écrit sur le tableau. Allez... Sortez vos cahiers de brouillon et notez...

J'ai attrapé un goûter dans la cuisine (une banane pour ne pas salir mes feuilles blanches en mangeant) et j'ai foncé dans ma chambre. J'ai installé mon matériel. J'hésitais pour les couvertures... peinture ? crayons de couleur ? J'ai voulu demander un avis. Mon père n'était

pas rentré et maman, que j'ai interrogée sans lui dire exactement ce que je devais dessiner, m'a répondu :
— Comme tu veux, mon chéri, pourvu que ce soit joli !
Je n'ai pas insisté, elle repeignait le couloir avec le reste de peinture (jaune). J'espérais seulement que le pot serait à sec avant d'atteindre ma chambre.
Je n'ai pas eu le temps de demander quoi que ce soit à ma sœur, elle m'a crié :
— Dégage, le débile ! La prochaine fois que j'ai un texte pareil à recopier à cause de tes inventions, j'te tue !
Elle m'a mis sous le nez un gros livre. C'est vrai que ça n'avait pas l'air passionnant. Ça s'appelait *Histoire des mathématiques*, quelque chose comme ça. Elle criait que les mathématiques, c'était plus vieux que les Grecs, que son prof n'avait pas apprécié qu'elle lui demande si c'était vrai qu'on venait de les inventer et je ne sais plus quoi d'autre, je ne suis pas resté à l'écouter, fallait que je trouve mon frère.
— Alors ? Avec quoi je dessine la couverture de mes programmes ? C'est mieux en couleurs ?
— Faut voir, a répondu Thomas.
Il y a des jours dans cette famille où on sent qu'on intéresse tout le monde. Bref, le temps que je finisse mes dessins, maman m'a appelé pour dîner et il était déjà tard. Je parle, je parle, mais vous vous demandez peut-être ce qu'il y avait sur nos programmes ? Le texte

de Mme Lecca était très chic mais un peu ennuyeux. Ah ! vous attendez que je vous le donne ? Je l'ai recopié ici, entre nous, une fois de plus, une fois de moins :

En classe, il y avait eu pas mal de protestations. Je n'étais pas le dernier. *Œdipe Roi* ! Il y avait trop de rois dans cette histoire ! Ça grouillait ! J'ai proposé d'autres titres : *Œdipe Prince,* ou... *Œdipe et l'Oracle Magique*. Ça sonnait bien, *Œdipe et le Grand Oracle Magique des Ténèbres maudites*.

Charlie aurait préféré *Le Sphinx sur sa falaise*, forcément. Sergio était très étonné d'apprendre qu'il s'appelait Polybe et Grégoire grognait parce qu'il n'y avait pas les noms du groupe costumes sur le programme.

— Avec le travail que tu fais, tu ne veux pas non plus ta photo en couverture ? lui avait demandé Samuel.

C'était bien répondu mais ce n'était pas malin, vu que son costume à lui était justement en cours de fabrication.

Mme Lecca avait dû claquer dans ses mains pour faire le silence :

— J'ai choisi ce titre en hommage à Sophocle, un tragédien grec, qui a écrit *Œdipe Roi*, j'espère que vous le lirez plus tard.

— Waouh ! Le copieur !

— Samuel, ça suffit ! Bon, à propos de la couverture... je vous laisse libres de dessiner ce que vous évoque la pièce... Un personnage, la rencontre d'Œdipe et du Sphinx, ce que vous voulez, pensez seulement à joliment écrire le titre...

Oui, c'est ce que je faisais encore ce soir-là après le dîner quand je me suis endormi sur mon bureau. J'écrivais joliment le titre *Œdipe Roi* sur mon cinquième dessin de couverture. Un dessin aux crayons de couleur (un Oracle super avec des yeux qui lançaient des éclairs rouge sang).

Endormi sur mon bureau ! C'est bien la première fois que ça m'arrivait !

10

— LUDOVIC ! Tu ne t'es pas couché ?
C'est mon frère qui m'a réveillé le lendemain matin.
J'avais mal au cou, des courbatures partout.
— Non... non... j'avais du travail... Les programmes du spectacle ! Regarde ! J'en ai fait cinq !
Mon frère a froncé les sourcils :
— C'est quoi, ça ?
Il ne devait pas être réveillé depuis longtemps.
— Ça, c'est l'Oracle qui parle aux dieux, les zigzags, là, c'est les ondes radio...
— Ah !
— Celui-là, c'est l'Oracle qui se transforme en Sphinx pour faire une blague à Œdipe...
— Oui, pourquoi pas, a dit Thomas.
— Là, c'est l'Oracle qui...
— Bon ! Bon ! m'a interrompu mon frère. Je ne voudrais pas t'affoler mais il est huit heures passées !

Huit heures ! J'avais juste le temps de courir à l'école, même pas celui de refaire mon turban, ni de défroisser ma cape. Pas question d'être en retard le jour où Baptiste devait zigouiller le roi Laïos pour un refus de priorité ! Pas question !

Quand je suis rentré comme une bombe dans le réfectoire, j'ai bien cru que j'étais en retard quand même, que le roi était déjà mort, en charpie au bord de la route. La mine déconfite, les élèves entouraient Aurélie en pleurs sur sa chaise.

— Mince ! J'ai raté la scène ?

Aurélie a sangloté de plus belle et Nadia, qui la tenait, dans ses bras, m'a envoyé un regard furieux :

— Y a plus de scène ! Y a plus de théâtre ! Y a plus rien !

— Aaaaaaah ! a gémi Aurélie.

— Plus de spectacle ? Tu rigoles ?

— J'en ai l'air ?

La troupe s'est avancée vers moi. Charlie avait décroché ses ailes de papillon. Le roi Laïos ôtait sa couronne de galette des rois. Les moustaches de Sergio étaient à moitié effacées, il avait dû pleurer. Un vrai spectacle de désolation.

— Aaaaaah...

— Où est Mme Lecca ?

— On n'en sait rien, on ne l'a pas vue, m'a expliqué le roi Polybe en reniflant. C'est le directeur qui nous annoncé que tout était fini, fichu, foutu...

— Il est venu ici, y a pas cinq minutes, a continué Nicolas. Rouge de colère ! Il a crié comme ça : « Puisque vous êtes des petits imbéciles qui ne respectent rien, puisque vous n'êtes pas capables d'apprécier le travail que votre maîtresse fait pour vous, j'annule tout ! »

— Il a même ajouté, a dit Nadia, « Je ne comprends pas que Mme Lecca vous ait fait confiance ! Vous lui avez fait beaucoup de peine ! *Œdipe Roi* ! *Œdipe Roi* ! C'est trop bien pour vous ! Vous êtes à peine bons à jouer des idioties comme *Godzitor et les mutants* ! »

— Aaaaaaah...

On est restés assis un moment, mous comme un tas de nouilles.

Le réfectoire était plongé dans le silence, les copains avachis sur les quelques chaises, les autres par terre. Le rideau de scène pendouillait. C'est ridicule, un théâtre vide, c'est mort. Le ciel, qu'avait peint le groupe décors, n'était plus un ciel, à peine un barbouillage moche sur une grande toile.

— Ça suffit ! s'est exclamé Œdipe. Je veux en savoir plus ! On ne va pas tout laisser s'écrouler comme ça ?

Pourquoi d'un seul coup la catastrophe nous tombe dessus ? Moi, je veux savoir ce qui s'est passé ! Et tant pis si c'est dur à avaler ! Moi, j'y vais et qui m'aime me suive !

Ce n'était pas qu'Aurélie aimait particulièrement Baptiste mais elle a été la première à se lever.

Très vite, on s'est retrouvés un petit groupe à réagir. On a laissé les autres se lamenter bêtement et on s'est engouffrés dans la cage d'escalier.

Jocaste, Charlie et moi, on est partis vers notre classe. Œdipe, Sergio et Nadia sont allés zieuter du côté du bureau du directeur.

On débouchait dans le couloir du deuxième étage, le Sphinx en tête, quand on les a entendus chuchoter.

11

— VOUS ÊTES TROP gentille avec eux... disait le directeur.

Il était penché vers Mme Lecca et Mme Lecca était penchée sur son bureau. Elle déplaçait légèrement un cahier, elle prenait un stylo et le reposait aussitôt, comme pour occuper ses mains.

— Mais non... Ils ne sont pas méchants, seulement un peu fatigants...

— Seulement « un peu » fatigants ! a protesté le directeur. Dominique !

— Elle s'appelle Dominique ! m'a chuchoté le Sphinx.

— Merci... je ne suis pas sourd...

On les observait par les vitres du côté du couloir. Aurélie, qui n'est pas très grande, se haussait en s'aidant des porte-manteaux.

Soudain, le directeur s'est redressé et il a dit avec énergie :

— De toute façon, je viens de leur parler. J'ai tout annulé !
— Oh non ! Ils doivent être tellement déçus !
— On s'en moque ! s'est écrié le directeur. Si je dois choisir entre le spectacle de fin d'année et vous retrouver en larmes dès le matin, le choix est vite fait !
— Ce n'est rien, Pierre... a dit doucement la maîtresse.
— Il s'appelle Pierre ! m'a encore chuchoté Charlie.
— C'est seulement de la fatigue... a essayé d'expliquer la maîtresse. Et puis...
— Et puis ?
— Quand j'ai vu ça...
Elle indiquait clairement le tableau.
— Si j'étais en forme, ça m'aurait fait rire, mais là... je ne sais pas...

Quand j'ai lu ce que j'ai lu sur le tableau, ça ne m'a pas fait rigoler non plus. Y a quand même des limites à se moquer de tout ! Si celui qui avait écrit ça n'avait pas de respect pour les Grecs, pas de respect pour les légendes, pas de respect pour notre travail, il aurait quand même pu en avoir pour Mme Lecca !
Un imbécile, sûrement un jaloux qui devait avoir, dans notre spectacle, un rôle minable ou pas de rôle du tout, avait saccagé le programme.

après Godzitor et ses mutants débiles,
l'école jean jaurès à la honte de vous
présenter : BABAR ROI
Un spectacle ridicule, mal écrit et mal joué par les
élèves les plus nuls de madame Lecca
Avec Babar, Aurélie la pleurnicharde, Samuel le roi des
trouillards, Baptiste la doublure de Babar et tous les autres
Ludovic, les bergers siamois, Sergio, les canassons et Charlie
le moustique.
Les costumes (sauf les moches) ont été très bien réalisés par Grégoire
Mascaro, Nadia Alary, Benoit Sea et Lise Langlet.
À bon entendeur, salut !

Aurélie s'est précipitée dans la classe.
— On chopera celui qui a fait ça ! a-t-elle crié. On lui fera manger le tableau ! C'est promis, madame, mais il faut continuer le théâtre ! C'est la première fois de ma vie que je ne m'embête pas à l'école ! Je vous le jure, madame !
Charlie et moi, on est allés l'aider :
— C'est trop cool, les légendes grecques ! ai-je renchéri. J'adore être l'Oracle ! J'adore qu'Œdipe soit maudit !
Le directeur avait l'air énervé mais Mme Lecca retrouvait peu à peu des couleurs.
Finalement, c'est Charlie qui l'a convaincue. Il l'a fait éclater de rire et presque sourire le directeur.
En remettant ses ailes de papillon roses, il l'a suppliée :
— Dites-le, madame ! Dites-le qu'on continue le théâtre ! Moi, tous les ans, je m'écrabouille au spectacle de fin d'année... Alors, soyez chouette, madame, pour une fois que je peux m'écraser dans un spectacle de qualité !

12

— OÙ EST la face de rat qui a gribouillé le tableau de la classe ? a crié Charlie en entrant dans le réfectoire.

— On a quelque chose à lui faire bouffer ! a prévenu Aurélie.

Mais Grégoire ne s'est pas dénoncé. Mme Lecca nous suivant, on a décidé d'attendre pour le choper.

On a fait la liste (à voix basse) des vengeances atroces qu'on pourrait lui faire et puis, finalement, on n'y a plus pensé. On était tellement soulagés que la maîtresse ait annulé l'annulation du spectacle qu'on a même eu, ce jour-là, notre meilleure des meilleures répétitions.

Le public (groupe décors + groupe costumes) était enthousiaste. Les costumes des comédiens étaient presque achevés. Je surveillais ma maîtresse du coin de l'œil. Pour la première fois, on a réussi à ouvrir le rideau sans faire tomber sa porteuse, Mme Lecca a souri. Bref, ça marchait sur des roulettes quand Œdipe est entré en scène, sur des roulettes aussi.

Son char était modeste. Ce n'était encore qu'une caisse avec des roues, mais le cheval était très bien, en beau velours marron avec une crinière en laine. À l'intérieur du déguisement, Malik faisait la tête et les pattes avant, Marine les pattes arrière et la queue.

Mme Lecca était assise à deux mètres devant la scène ; à peine en retrait, Nicolas tenait le cahier du texte. Œdipe s'est approché tout au bord de la scène et il s'est adressé directement à la maîtresse.

— Avant de commencer, je voulais vous demander quelque chose, madame.

— Oui ? a dit la maîtresse, surprise.

— Voilà... On a déjà répété un peu entre nous, mais on a comme un problème.

— Ah ?

— Oui... On essaie de jouer nos personnages mais, au moment de parler, d'un seul coup, paf ! on est bloqués. On se dit que ça ne va pas vous plaire, que Nicolas va encore se mettre à crier : « C'est pas un langage de Grecs ! » Oui, c'est ça... On est bloqués !

— Tant pis ! a répondu Nicolas. En tant qu'assistant, je ne vais pas vous laisser dire n'importe quoi !

La maîtresse lui a fait signe de se taire, elle réfléchissait. Elle est restée silencieuse une ou deux minutes puis elle a dit :

— Je crois que je comprends ce que tu veux dire... Vous voudriez que je vous laisse jouer vos rôles à votre façon... avec votre langage à vous...

— Comment ? s'est écrié l'assistant. Vous n'allez pas les laisser massacrer Œdipe, quand même !

— Silence ! Pour le moment, ce sont mes oreilles que tu massacres !

Après un moment de surprise, Nicolas est allé s'installer en boudant au fond du réfectoire.

— Bon, je ne suis pas certaine de pouvoir le supporter plus de quelques minutes, a repris la maîtresse, mais si cela peut vous « débloquer », je veux bien vous proposer quelque chose...

— Ouiii ? a dit Baptiste plein d'espoir.

— Disons... Oh là là, je me demande si j'ai raison de faire ça... Disons que pour une fois, je vous laisse faire comme vous le sentez... sans intervenir...

Elle a eu l'air d'hésiter, Baptiste la fixait.

— Pour une fois...

— Génial ! s'est écrié Baptiste en remontant dans son char.

— Une petite seconde ! s'est exclamée Mme Lecca. En échange, chacun des acteurs de cette scène me remettra lundi le texte que j'aurais voulu lui entendre dire aujourd'hui. Nous sommes d'accord ?

— Euh...

Œdipe a regardé son cheval. Les pattes et la tête ont dit oui. Il a regardé Samuel qui a accepté aussi, c'était déjà plus surprenant.

— Bien, je vous fais confiance, a ajouté la maîtresse. J'espère que vous êtes « débloqués »... Commençons !

Le public était attentif.

Œdipe est sorti pour re-rentrer. Il roulait tranquillement, il chantonnait.

— *Lala... lalalala... Lala lalalala...*

On a repris en chœur, bien en rythme :

— *Lala... lalalala... Lala lalalala...*

— *Qu'il est agréable de rouler sur cette route grecque ! Lala... lalalala...*

Soudain, le roi Laïos a surgi dans sa caisse à roulettes à lui :

— *Pousse ta tire, manant !* a-t-il hurlé en coupant la route à Œdipe.

Les roulettes ont crissé, les chevaux ont henni.

— *Hiiiiiiii !*

— *T'as pas vu le stop, vieux débris ?* a crié Œdipe.

J'ai regardé Mme Lecca, elle fermait les yeux, peut-être pour mieux se concentrer.

— *À ton âge, on prend le bus !*

— Ça ne va pas la tête ? a crié l'assistant du fond du réfectoire. Pourquoi pas le TGV ?

— *Pousse ton char ! Place aux jeunes !*
— *T'as gagné ton permis à la tombola ?* a ricané le roi.
Œdipe, qui n'avait pas de temps à perdre à répondre à cet imbécile, a jailli de son char, il a sorti son épée et schlac ! schlac ! le duel a commencé.

Ils étaient formidables, ils se poursuivaient. Laïos a failli avoir Œdipe qui s'emmêlait dans sa tunique grecque. Œdipe lui a échappé de justesse en se jetant dans le public. Il aurait quand même dû lâcher les rênes de son char avant de sauter de la scène.
— *Aïïïïïïe !* a henni son cheval en s'étalant.
Laïos, sans pitié, l'a poursuivi avec sa sale tête de traître. Schlac ! Schlac !
— *À moi, mes frères grecs !* a hurlé Œdipe.
— Ah non ! a crié la maîtresse. Là, vous sortez de l'histoire ! Ça n'a rien à voir avec ce que vous m'avez demandé !
C'était vrai mais c'était trop tard. Nadia s'était déjà précipitée :
— *Prends ça, chauffard !*
Elle lui a fait un croche-pied et le roi a décollé.
— *À moiiiii !* hurlait toujours Œdipe.
Charlie a foncé sur le roi, il l'a frappé à grands coups d'ailes !
— *Vas-y, le Sphinx ! Tue-le !* hurlaient les jumeaux.

— *Hiiiiii !* faisaient les chevaux.
— Ça suffit ! Ça suffit ! répétait Nicolas.
Mais Laïos s'était enfui, il fallait bien qu'on le rattrape.
Finalement, on l'a coincé devant la porte des toilettes.
Œdipe a brandi son épée, haut, très haut, et il a crié :
— *Ça... c'est pour t'apprendre le code de la route, vieux chnoque !*
Et, couic ! il l'a transpercé d'un seul coup (sous le bras).
— *Euuuuuuuuh...*
Samuel est mort dans d'atroces souffrances, dans beaucoup de soubresauts, et on a applaudi comme des fous. Là, j'ai vu un truc incroyable. Je cherchais des yeux la maîtresse et je l'ai trouvée. Elle rigolait, je jure que c'est comme je le dis, elle cachait sa bouche derrière sa main mais... elle rigolait !
Œdipe semblait transporté, ailleurs. Il a essuyé lentement la lame de son épée sur sa tunique grecque, il l'a rangée dans son fourreau et il a traversé le réfectoire sous les hourras.
D'un bond, il est remonté sur scène, il a fait volte-face et, droit dans les yeux du public, il a crié :
— *Aaaaaaah ! Une bonne chose de faite !*

Voici les textes que les acteurs ont donné à la maîtresse le lundi suivant. Elle avait fini par rigoler mais elle n'avait pas oublié :

Texte de Baptiste Colin

J'entre sur mon char, je chante un peu et je dis : « Qu'il est agréable de rouler sur les routes grecques ! »
Le roi Laïos me coupe la route, il me traite alors je lui réponds : «Ne reste pas là, vieil homme ! Ton grand âge qui est très grand aurait dû t'apprendre qui est prioritaire, par les dieux! »
Il me traite encore alors je saute de mon char et je commence à défendre mon honneur qui est très grand aussi. Je gagne le combat et au moment où il meurt, je lui dis bien fort pour qu'il s'en souvienne la prochaine fois dans son intérêt : «Tu as eu tort, vieillard ! Tu ne savais pas à qui tu avais affaire ! »

Merci, madame, de nous avoir laissés jouer. On était plus bloqués du tout. Merci.

Et aussi :

Texte de Samuel Frayssinet (le roi Laïos) :

Un jeune sur la route ne sait même pas que je suis le Roi. Il n'écoute même pas quand je le préviens qu'il devrait se pousser. Pourtant, je suis clair : « Halte là ! Place ! Place ! » Il refuse de dégager et je n'aime pas la façon pas très royale dont il ose me répondre, ce petit. Je recommence : « Quitte ce chemin qui est à moi ! » D'un seul coup, il s'énerve et il me cherche des ennuis et il me tue. Voilà.

(J'ai oublié de dire qu'il avait du mal à me tuer car je suis encore fort pour mon âge. Voilà.)

La maîtresse était contente d'eux. Elle a dit qu'on utiliserait leurs textes pour la vraie représentation et que finalement, ils avaient eu une bonne idée. Elle a ramassé leurs feuilles et celles des chevaux, mais, celles-là, je ne les ai pas recopiées, ce n'était pas intéressant, je trouve.

13

DES PLUMES ! Tout le week-end, j'ai cherché des plumes !
La maîtresse nous l'avait demandé expressément.
— Je vous le demande expressément, mes enfants, lundi, ramenez-moi des plumes. Il nous reste si peu de temps pour préparer notre costume de Sphinx !
— MON costume de Sphinx, avait précisé Charlie.

Avec Baptiste, Nadia et Charlie, le samedi à la première heure, on était déjà en chasse. On a traqué le pigeon dans le quartier.
Les pigeons, ce n'est pas si simple à choper. On se plaint qu'il y en a partout, mais le jour où vous avez des ailes de Sphinx à faire, pfffft ! y a plus personne. On en a bien vu un par-ci, un par-là, des qui picoraient des dégoûtasseries dans les caniveaux mais, nous, on ne voulait pas donner dans le détail. On avait décidé

de frapper fort, de les coincer en masse. Deux heures plus tard, au square Voltaire, on en a trouvé cinq à coincer en masse.

— Je vais les attirer près du bac à sable, a proposé Baptiste. Rourrrou... Rourrrrou...

Mais ça ne les a pas attirés.

On les a cernés. On a rampé. On les avait ! On les tenait presque tous quand la vieille mamie s'est précipitée sur nous.

— Lâchez ces pauvres petites bêtes ! Voyous ! Racaille !

La mamie était armée (une baguette de pain et un parapluie), il n'y avait pas à finasser. On a préféré se sauver ventre à terre avec nos trois premières plumes, c'était un bon début.

À midi, quand je suis rentré déjeuner, on en avait douze.

— Ça fait court... a dit mon frère en voyant le butin.

— T'arrête ta collection de cailloux ? Tu te lances dans la plume ? a ricané ma sœur.

Ça m'a énervé :

— Non ! C'est pour notre spectacle ! On en a besoin pour notre Sphinx grec. Un Sphinx grec a des ailes gigantesques, une tête de femme sur un corps de lion et des serres crochues !

— Avec tes douze plumes, tu peux abandonner le gigantesque... a encore rigolé Margaux. T'as pensé à demander au volailler ?

— Le volailler ?

— Ben, avec tout ce qu'il plume comme canards et poulets, il doit en avoir un stock ! Il doit même avoir des pattes pour tes serres crochues. En revanche, pour le lion, ça risque d'être sur commande...

Oui, elle m'énervait, mais grâce à elle, lundi, je suis arrivé en classe avec un sac poubelle plein de plumes offertes par le volailler. Entre mon sac et l'oreiller de ma sœur, c'est à l'aise moi qui en ai apporté le plus !

Ça nous a pris des heures. Ça sentait la colle, ça volait

partout dans la classe. Des plumes en tout genre, des oranges, des blanches, des petites qui ne faisaient pas très grecques mais des plumes quand même.
La maîtresse a ouvert une fenêtre et on a pendu les ailes au soleil pour qu'elles sèchent plus vite.
Charlie ne nous a même pas aidés, il était figé par l'émotion. Il répétait la larme à l'œil :
— Qu'est-ce que je vais être beau ! Mais qu'est-ce que je vais être beau !

Juste avant l'heure de la cantine, Mme Lecca a tâté une aile et elle a dit d'une voix solennelle :
— Bon, Charlie... Je crois que nous y sommes... Tu peux les essayer...
La classe était silencieuse, Mme Lecca a décroché les ailes. Je l'ai aidée à les fixer dans le dos de Charlie. Il reniflait de plus en plus.
— C'est... c'est rien que l'émotion... a-t-il expliqué, mais on le savait déjà.
Il était magnifique, un peu comme un ange, sauf la queue de lion en papier crépon.
— Wahou ! s'est extasié Samuel. Il est encore mieux qu'en Godzitor !
— Bien, bien, a dit la maîtresse. Prends un peu la pose, Charlie, que l'on se rende compte de l'effet produit...
Charlie est monté sur une table et il a pris un air

redoutable, sa meilleure tête de sale Sphinx, l'œil mauvais et les mains crochues.
Ses mains crochues, c'était le seul petit truc raté. Je n'ai pas compris pourquoi la maîtresse a absolument refusé mes deux pattes de poulet.

14

APRÈS le déjeuner, tout s'est accéléré.

— Faisons le point ! a décidé la maîtresse.

Ça nous a surpris, on somnolait un peu, faut dire que le hachis Parmentier était très bon, ce midi-là.

— Où en sommes-nous pour les décors ? a repris Mme Lecca.

— Décors terminés ! a crié Nicolas.

— Costumes ?

— Terminés ! a crié Grégoire Mascaro.

— Accessoires ?

L'assistant s'est levé, l'air penaud :

— On a quelques problèmes avec le char du roi Laïos mais on y travaille, madame...

— Comment ça, des problèmes ? Quels problèmes ? s'est exclamé le roi. Va falloir vous affoler ! Des problèmes avec mon char ! Et puis quoi encore ? J'en ai décapité pour moins que ça, moi !

— Samuel ! a protesté Mme Lecca.

— Son rôle commence à lui taper sur les nerfs, m'a chuchoté Nadia. Il est temps que la représentation arrive. Il se prend de plus en plus pour un vrai roi... Regarde... Il ne quitte plus son costume...

Elle avait raison. D'un seul coup, j'ai regardé la classe d'un autre œil. Quelqu'un qui ne nous connaissait pas serait entré à ce moment-là dans notre classe, il nous aurait pris pour des fous !

Charlie était assis sur une table, vu qu'avec ses ailes, il ne tenait plus sur une chaise. Il s'entraînait à pousser des râles atroces en griffant l'air.

— Reuuuuuurk ! Reuuuuuurk !

Les bergers collaient du coton hydrophile sur leurs moutons en carton, Aurélie paradait en reine, au premier rang, au milieu des loups. Marie et Lise se disputaient pour tenir sa traîne, et le roi Polybe échangeait des images Pokemon avec les pattes arrière du cheval d'Œdipe...

Oui ! Il était plus que temps que la représentation arrive !

Pour la première fois, je me suis dit que le théâtre, ça défoule, mais c'est un peu dangereux. Un comédien qui joue de temps en temps, ça va, mais un comédien qui a du succès, qui, tous les soirs, se transforme en quelqu'un d'autre, doit devenir bizarre. Est-ce que celui qui joue trop souvent Dracula ne devient pas un peu vampire sur les bords ? J'ai regardé Samuel qui boudait, drapé dans sa cape grecque, et j'en ai été sûr. J'ai préféré enlever un moment mon turban.

Après une dernière vérification des accessoires, la maîtresse a dit :
— C'est bien ! Nous serons prêts pour la représentation. Nous allons seulement changer le rythme des répétitions. Seuls les comédiens concernés prépareront les scènes dans le réfectoire, les autres resteront en classe pour réviser leurs textes.
Il y a eu quelques protestations.
— Mais je suis déjà mort, moi ! s'est plaint Samuel. Ça veut dire que je ne peux plus aller au réfectoire ?
— Exactement, a acquiescé Mme Lecca.
— Mais je voulais voir le Sphinx s'aplatir ! a insisté Samuel et nous aussi.
— Tu le découvriras comme tes parents, le soir du spectacle, n'a pas cédé la maîtresse.
Elle a distribué des feuilles aux comédiens :
— Voilà votre texte tel que je l'ai noté au fur et à mesure de votre travail d'improvisation. Ne soyez pas surpris si vous le trouvez modifié çà et là... Apprenez-le encore et encore !

— Et nous ? s'est énervé un des loups. On n'a pas de feuilles ?
Mme Lecca s'est dirigée vers la porte de la classe en emmenant vers notre théâtre les comédiens qu'elle venait de désigner, ces veinards de Charlie, d'Œdipe et de Reine Jocaste.
— N'oubliez pas pour qui nous travaillons ! a-t-elle ajouté en sortant. Pensez au résultat ! Pensez au public ! C'est tout ce qui compte !

15

CE N'ÉTAIT PAS si bête de la part de la maîtresse.

Le soir du grand soir, n'ayant pas vu en répétition le Sphinx interroger Baptiste, ni Charlie tomber de la falaise, ni la reine épouser mon copain, j'étais comme le vrai public, malade d'impatience.

La maîtresse nous avait demandé d'être à l'école une heure avant nos parents pour nous habiller et nous maquiller. Ce n'était pas la peine vu qu'on est tous arrivés fin prêts, même les chevaux.

La maîtresse et son assistant couraient partout, vérifiaient les moindres détails. Le directeur aussi courait mais il ne vérifiait rien. Il suivait la maîtresse.

— Calmez-vous, Dominique ! Tout va bien se passer ! Ne stressez pas comme ça !

— C'est vous qui me stressez, Pierre ! a-t-elle fini par exploser. Vous êtes sans cesse dans mes jambes ! Allez donc vous asseoir avec les loups! Mais où est passé Œdipe?

— J'suis là, madame, l'a rassurée Baptiste.

— Pas toi, idiot! La nouvelle poupée!

— Oh, elle... Ceux des costumes étaient en train de lui mettre des langes. La dernière fois que je l'ai vue, on aurait dit une momie!

Ça a été le premier cafouillage de notre spectacle. Je ne sais pas si c'est à cause des bandelettes, mais on n'a jamais retrouvé la poupée! Heureusement qu'on avait gardé le Babar. L'ambiance était vraiment électrique. J'aurais bien aimé me détendre dans la cour, mais

nous, les comédiens, on devait rester cachés en attendant nos scènes.

— Ceux du groupe décors accueilleront les parents, a décidé Mme Lecca, ils les placeront et leur offriront nos programmes.

— Leur offrir les programmes ? s'est exclamé Samuel. Et puis quoi encore ? Déjà que vous n'avez pas voulu qu'on leur vende les places ! Bientôt faudra les payer pour qu'ils viennent nous voir jouer !

C'était bizarre qu'il dise ça, c'était exactement ce qu'avait dit ma sœur.

— Combien tu me donnes pour aller voir leur pièce pourrie ? avait-elle demandé à maman.

— Pas un sou ! Et plus d'argent de poche si tu refuses d'y aller, avait rétorqué maman. Toute la famille assistera au spectacle, j'ai dit « toute » !

C'était gentil de la part de maman, même si, tout compte fait, j'aurais préféré que ma sœur prenne la claque qu'elle méritait et qu'elle reste à la maison.

L'ambiance était de plus en plus électrique.

On était cachés derrière la scène depuis déjà une demi-heure, le carrelage était froid, ce n'était pas agréable, quand on a entendu les premiers parents. Le groupe décors, Nicolas et le directeur, qui n'obéissait décidément pas à la maîtresse, se sont précipités vers les portes. Il a fallu attendre encore longtemps, très longtemps, qu'ils entrent tous, qu'ils s'installent. On entendait des bruits de chaises, on entendait des bavardages, j'ai cru reconnaître le rire de ma sœur.

— On pourrait au moins faire payer ceux qui sont en retard ! a insisté Samuel.

— Sileeeeeence ! a crié la maîtresse.

Tout le public a dû être aussi surpris que Samuel car le calme s'est fait d'un seul coup dans la salle. Les lumières du réfectoire se sont éteintes une à une. Le noir était total et les trois coups ont retenti. Avec un gros bâton, le cheval de Laïos a frappé le plancher de la scène :

— Boum ! Boum ! Boum !

16

— *Oooooh... Que notre enfant est beau, ô mon Roi !*

Dans la seule lumière des projecteurs, ça ne ressemblait plus aux répétitions. Tout était étrange, tout semblait vrai.

Dans sa longue robe blanche, Aurélie était une reine grecque marchant dans la campagne avec son enfant. Laïos était son roi. Même Babar n'était plus un éléphant.

— *Ah, cela, c'est vrai, ma très chère femme ! Euh... Par les dieux!*

— *Mais où allons-nous comme ça, ô mon Roi, de si bon matin...*

— Ludovic, ça va être à toi... m'a indiqué la maîtresse. File en coulisse !

J'ai rajusté mon turban, je me suis enveloppé dans ma cape et je suis monté discrètement sur le côté de la scène. Mme Lecca nous avait expliqué qu'au théâtre, on dit « côté cour » pour la coulisse de droite et « côté jardin » pour la coulisse de gauche, à moins que ce ne soit le contraire. Nous, on disait « côté cuisine » et «côté toilettes », c'était plus simple.

Bref, j'étais enfin sur scène, le roi et la reine approchaient. Je n'ai même pas eu le temps de prendre mon air lugubre, Aurélie s'est précipitée sur moi :

— *Ô Grand Oracle magique*, a-t-elle récité, *nous t'apportons notre enfant !*

Là, j'ai ausculté Babar comme prévu et j'ai pris mon temps. Je lui ai regardé les oreilles, vérifié la trompe, tâté le ventre et les mollets pour que le public comprenne bien que c'était archi-important comme rôle.

— *Affole-toi, l'Oracle !* s'est énervé Laïos mais, ça, ce n'était pas dans le texte.

Je lui ai rendu sa peluche et j'ai donné mon verdict mortel :

— *Faut le tuer ! Sinon... un jour super funeste... euh... pardon, un jour funeste... il te tuera, ô Roi ! Et il épousera ta Reine ...*

— *Aaaaaaah*... a pleurniché Jocaste.

— *Sale gosse !* a crié Laïos. *Euh... Par les dieux!*

Mais je n'ai pas pu continuer, je les ai vus ! J'ai vu des dizaines de petits yeux qui brillaient dans le noir. Des centaines et des milliers de petits yeux de public qui me regardaient, qui me regardaient moi, comme s'ils allaient m'avaler, m'engloutir, me dévorer.

Le rideau est tombé, je suis resté le nez dedans.

— Ludovic, pousse-toi de là ! s'est écrié le roi Polybe. C'est à moi !

Je ne pouvais plus bouger. Mes oreilles bourdonnaient, la tête me tournait.

— Ludovic ! ça va ? m'a demandé le cheval d'Œdipe.

Ça n'allait pas du tout.

— Emmenez-le aux toilettes... a chuchoté la maîtresse. Passez-lui un peu d'eau sur le visage, et dépêchez-vous !

J'ai bien senti qu'on me traînait, qu'on m'arrosait la figure mais ça ne m'a pas remis sur pied.

J'étais toujours dans le brouillard, je me voyais flou dans le miroir des lavabos quand la maîtresse est venue me chercher :

— Vite, vite, c'est déjà à toi !

— Mais il ne peut pas ! Regardez dans quel état il est ! a protesté quelqu'un.

— Portez-le sur scène !

Ils m'ont déposé comme un sac. J'étais encore par terre quand le rideau s'est ouvert. J'ai fermé les yeux pour ne pas les voir mais je les sentais là, partout.

— Debout ! Je suis l'Oraaaacle... m'a soufflé la maîtresse car je restais muet comme une carpe.

J'ai avalé ma salive, mais ce qui est sorti de ma bouche n'avait rien de lugubre.

— *O... Oracle...* ai-je répété d'une voix suraiguë.

— Lève-toi ! Je suuuuuis l'Oracle... m'a encore soufflé Mme Lecca.

— *Ève-toi... Suis O... Oracle...*

C'était atroce, heureusement qu'Œdipe est arrivé.

— *Me voilà ! Ô Grand Oracle !* a-t-il déclamé en me soulevant fermement.

— *A... a... aaaah... C'est... c'est toi... mau... maudit ?*

Œdipe avait l'air étonné. Quelqu'un a ricané au deuxième rang :

— Quand je pense qu'il s'entraîne à brailler ça depuis des jours !

— Margaux ! a dit quelqu'un au deuxième rang aussi.

— Enchaîne, enchaîne... m'a supplié Œdipe.

— *A... a... aaaah... C'est... c'est toi... mau... maudit ?*

— *Appelle-moi Prince, L'Oracle !* a hurlé mon copain pour couvrir les rires de la salle.

— *Je... je... je ne vois rien... dans... dans ton... ton... ton avenir... Pr... Prince...*

— *Ah bon ?*

— ...

— *Ah bon ?* a insisté Œdipe.

Le trou. Le vide total. Je ne me souvenais pas d'un seul mot de mon texte. J'avais même oublié qui j'étais, ce que je faisais là. On m'aurait dit que je jouais une marguerite dans un champ de blé, je l'aurais cru. Œdipe me faisait des grimaces terribles, il transpirait à grosses gouttes. Je l'ai vu inspirer un grand coup et se ressaisir.

— *Aaaaaah... tu ne vois rien ?* a-t-il crié. *Menteur ! C'est que tu n'oses pas le dire ! Hein, que tu as peur ?*

Oh oui, ça, j'avais peur.

— *Tu n'oses pas me dire, Grand Oracle, qu'un jour je tuerai mon père et que j'épouserai ma mère ? Hein ? Hein que c'est ça ? Hein ?*

— *Ou... ouiiii...* ai-je presque miaulé.

Quand le rideau s'est enfin décidé à tomber, Baptiste hurlait pour moi, face au public, avec ma voix lugubre que j'avais inventée pour rien :

— *Je suis maudiiiiit ! maudiiiiiiiit !*

17

JE NE SAVAIS PLUS où me mettre. Deux loups m'avaient tiré en bas de la scène et j'attendais dans le noir, par terre.

— Ludovic...

Pas besoin de sortir la tête de dessous ma cape pour reconnaître mon père.

— Ludovic... Allez, viens !

Je me suis laissé guider dans la salle. J'ai seulement demandé :

— Pas avec les autres, hein ?

— Surtout pas, a répondu papa, ta mère est furieuse, elle a reconnu sa robe !

Il m'a emmené au fond, j'ai voulu tout lui expliquer :

— Je suis désolé, je savais mon rôle par cœur, je te le jure, et...

— Chut ! a dit mon père. Regarde, ça recommence ! Déjà que je n'y comprends pas grand-chose... Mais ?

Mais ce n'est pas ton copain Charlie, le gros oiseau, là ?

Oh ça, oui, c'était lui ! Tout emplumé, sur sa falaise en carton très bien imitée. Il poussait ses râles atroces et il griffait l'air.

— *Reuuuuuurk ! Reuuuuuurk !*

Baptiste arrivait justement sur son char.

— *Laisse-moi passer, Sphinx ! Je veux entrer dans cette ville !*

Il y a eu comme un silence.

— *Dans cette viiiiille !* a répété Œdipe.

— Merde ! s'est écrié quelqu'un en coulisse. La ville !

Soudain, deux loups l'ont apportée en courant.

— *Ah ! quand même !* a dit Œdipe.

Œdipe était impressionnant. Oui, mes copains étaient de sacrés comédiens, pas comme moi. J'étais la honte de l'école Jean-Jaurès, le pire des pires de tous les comédiens. Si le spectacle était raté, c'était de ma faute et rien que de la mienne, enfin, c'est ce que je croyais à ce moment-là.

— *Reuuuuuurk ! Jamais tu n'entreras*, a grogné la bête, *j'ai fermé les portes ! Je fais régner la terreur ! Reuuuuurk !*

Charlie battait des ailes, quelques plumes se décrochaient et voletaient, ça faisait très bien.

— *Tu ne franchiras cette porte que si tu réponds à ma question... Reuuuuurk !*

— Merde ! La porte ! s'est exclamé quelqu'un en coulisse.

— *Pose toujours !* a crié Œdipe.

— *Si tu échoues, tu mourras !*

— *Pose, j' te dis !*

Le Sphinx s'est levé, ses plumes se détachaient de plus en plus :

— *Qui marche le matin sur quatre pattes, le midi sur deux, et le soir sur trois ? Reurk ? Reurk ?*

— *Trop facile !* a rigolé Œdipe. *Même mon cheval connaît la réponse !*

— *Hiiiiiiii !* a dit le cheval.

— Respectez le texte, a rouspété quelqu'un en coulisse.

Baptiste s'est dressé sur son char, il était magnifique, il a hurlé :

— *C'est l'Homme !*

Et le Sphinx, pile comme dans la légende, s'est mis à tourner sur lui-même et s'est jeté du haut de son carton en criant :

— *Reuuuuuurk ! Reuuuurk ! Tu m'as eu... Œdipe !*

— Le teeeeeeexte !

Charlie s'est très bien aplati, encore mieux que l'année d'avant, encore mieux que Godzitor sur les mutants. C'est pour ça que c'est horrible que ça lui soit arrivé à lui ! C'est vraiment, vraiment injuste qu'au dernier moment les ailes de Charlie se soient accrochées au rideau !

18

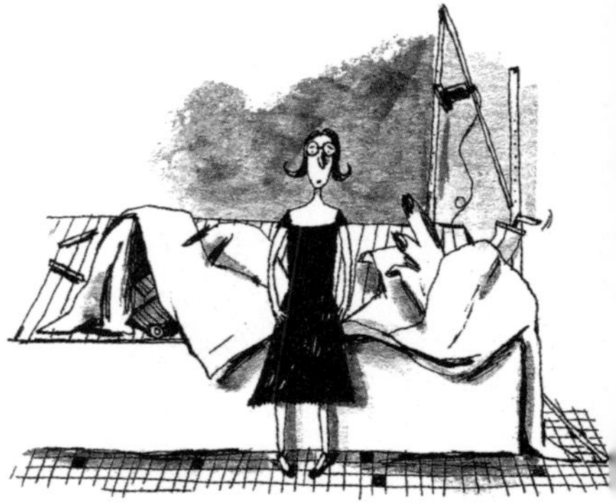

Tout s'est écroulé. Tout.
Les ailes de Charlie ont entraîné le rideau, qui a entraîné les montants de bois, qui ont entraîné le décor. On ne voyait plus Œdipe sous le tas, à peine son char qui dépassait. En revanche, on voyait très bien la coulisse.
— Mon Dieu ! a crié Mme Lecca.
— Quelle andouille ! s'est exclamée la reine Jocaste.
Ce n'était pas très gentil pour Charlie mais Aurélie était déçue que son mariage avec Œdipe soit, comme qui dirait, annulé.
Les néons du réfectoire se sont rallumés d'un coup. Après un moment de stupeur, le public a commencé à bouger.
— Mon Charlie ! Tu t'es fait mal ? a crié une dame. Où es-tu ?
— Je suis là ! a répondu une bosse du rideau. Ça va ! Ça va !

Le Sphinx a sorti la tête et une aile. Il avait l'air vivant. C'est Mme Lecca qui n'était pas bien. Elle s'est avancée comme elle pouvait vers l'avant-scène, suivie par Nicolas. Elle était très triste, très désolée.

— Je suis... je suis désolée... a-t-elle dit, mais ça se voyait. Nous... nous devons interrompre notre spectacle.

— Mais pourquoi ça ? a crié Œdipe en jaillissant du rideau. Faut que je me marie maintenant !

— Baptiste... a gémi la maîtresse. Regarde...

C'est vrai que ce n'était pas beau à voir.

Le ciel grec déchiré en lambeaux, la falaise de Charlie effondrée, plus rien ne cachait les éléments de décor empilés en vrac. Apparaissaient les clous, les bouts de ficelle et les rafistolages, c'est d'un moche, l'envers du décor ! D'un seul coup, ça sautait aux yeux que le palais du roi Laïos, la porte de la ville et même mon autel d'Oracle magique, c'était du faux et rien que du faux. Mme Lecca restait debout, au milieu du désastre. Elle faisait pitié. Le directeur s'était approché de la scène mais on voyait bien qu'il n'osait plus avancer.

C'est là que mon père a eu son idée. Je ne dis pas que d'autres parents n'auraient pas pu l'avoir, n'empêche que c'est mon père à moi qui l'a eue. Il s'est levé et il s'est mis à applaudir fort, de plus en plus fort.

— Bravo ! Bravo ! a-t-il crié. Bravo !

Une grande partie du public s'est tournée pour le regarder et, un par-ici, un autre par-là, ils ont commencé à applaudir.

— Mais... mais... a bredouillé la maîtresse.

— Bravo ! Bravo !

Bientôt, ils étaient tous debout, et nous aussi, pour l'applaudir.

— Vive Mme Lecca ! Vive le théâtre ! ont crié les loups.

— Vive Œdipe ! a crié Œdipe.

Le public était enthousiaste, Mme Lecca s'est mise à pleurer et c'était chouette. Mon frère Thomas m'a expliqué qu'une acclamation pareille, ça s'appelle une « *standing ovation* » en américain. Oui ! Tous, absolument tous debout ! D'allongée par terre, il n'y avait que la mère de Charlie qui essayait encore de dégager son Sphinx.

Quand ils se sont un peu calmés, Nicolas s'est avancé sur scène. Il a dit :

— Le spectacle que nous avons eu le plaisir de jouer pour vous ce soir s'appelait : Œdipe Roi ! La mise en scène était de Mme Lecca ! Son assistant s'appelait Nicolas, Nicolas Deborde ! Les costumes et les décors... enfin... ceux de tout à l'heure... étaient réalisés par les élèves eux-mêmes ! Avec, dans le rôle d'Œdipe... Baptiste Colin !

Baptiste s'est précipité pour saluer.

— Avec Aurélie Portal... la reine Jocaste ! Samuel Frayssinet... le roi Laïos ! Jean et Arnaud Simon... les bergers ! Charlie Dard... le Sphinx !

— Bravo ! a crié sa mère.

Les copains se mettaient en ligne. Un à un, ils montaient sur scène et ils se pliaient en deux devant le public, même les loups. Nicolas m'avait oublié, dans un sens, ça m'arrangeait. Soudain, mon copain Œdipe s'est approché du bord de la scène. Il fouillé le public du regard et, s'arrêtant sur moi, il a clamé en écartant les bras :

— Et Ludovic Charpentier... le Grand Oracle Magique des Ténèbres Maudites !

Il a bien fallu que j'y aille, il n'y a pas de doute, c'était moi ! Je suis monté, j'ai salué et j'ai regardé le public. Dans la lumière habituelle du réfectoire, il me faisait moins peur. Les spectateurs me souriaient gentiment, m'applaudissaient même si j'avais été nul. Pour les remercier, j'ai voulu leur faire entendre ma réplique que j'avais tellement répétée pour eux. J'ai pris une grande inspiration et je leur ai crié :

— *Maudiiits... Vous êtes maudiiiits...*

FIN (presque)

Annexe.

Œdipe Roi,

un spectacle de qualité.

Je dis que c'est presque la fin car, pour ceux qui auraient envie de jouer pour une fois à l'école une pièce intéressante, un spectacle de qualité, comme dit madame Lecca, j'ai recopié le texte.
(Je le donne comme il était avant les corrections de la maîtresse et de l'assistant, sinon c'est un peu gâché.)
Voici :

Œdipe Roi

PERSONNAGES

L'ORACLE	devin qui a des pouvoirs terribles.
ŒDIPE	bébé qui devient prince qui devient roi qui devient aveugle.
REINE JOCASTE	mère d'Œdipe.
ROI LAÏOS	père d'Œdipe.
BERGER N° 1	berger n° 1.
BERGER N° 2	berger n° 2.
ROI POLYBE	autre père d'Œdipe.
LE SPHINX	sale bête qui porte malheur.
LES LOUPS	loups.
LES CHEVAUX	chevaux.
UNE SŒUR GRECQUE	Nadia.

SCÈNE 1.

On voit un roi et une reine qui portent un bébé (une poupée, ou une peluche genre Babar) dans un chouette paysage de campagne (grecque), le ciel est très bien peint.

REINE JOCASTE, *berçant tendrement sa peluche.* — Ooooh... Que notre enfant est beau, ô mon Roi !

ROI LAÏOS. — Ah, ça, c'est vrai, ma Reine ! Quelle trompe !

REINE JOCASTE. — Mais où allons-nous comme ça, ô mon Roi, de si bon matin pendant que les oiseaux chantent et que les perles de rosée s'évaporent doucement dans les prés verdoyants ?

ROI LAÏOS. — On va voir l'Oracle ! Et grouillez-vous, ô ma Reine, parce que c'est pas tout près !

(Le roi et la reine se grouillent.)

REINE JOCASTE, *arrêtant de se grouiller.* — Mais, ô mon Roi, n'est-ce point l'Oracle que je vois là-bas ?

(On voit un Oracle, très lugubre, avec une cape et un turban.)

ROI LAÏOS. — Si fait, ma Reine ! Je reconnais son turban !

(Le roi et la reine se dirigent vers l'Oracle. La reine lui tend le Babar à bout de bras.)

REINE JOCASTE. — Ô Grand Oracle magique, nous t'apportons notre enfant !

ROI LAÏOS. — Ô Grand Oracle, ma Reine dit pile la vérité ! Il est né ce matin, mais je ne lui ai pas trouvé l'air honnête. J'ai dit comme ça à ma Reine : « Et si on allait voir l'Oracle ? Il est louche, ce gosse ! »

L'ORACLE, *auscultant l'enfant.* — Mouais... Vous avez bien fait de venir... *(D'une voix lugubre.)* Faut le tuer ! C'est moche mais y a pas le choix !

REINE JOCASTE. — Aaaaaaah...

L'ORACLE. — Sinon... un jour super funeste... il te tuera, ô Roi ! Et il épousera ta Reine !

ROI LAÏOS, *très pâle.* — Sale gosse !

(Le roi envoie le Babar à l'autre bout de la scène. Le rideau tombe.)

SCÈNE 2.

Le rideau s'ouvre sur une montagne (grecque). Le roi Laïos et la reine Jocaste marchent, tenant l'enfant aux pieds ligotés.

ROI LAÏOS. — Viens, ma Reine ! Allons sur la montagne zigouiller l'enfant !

REINE JOCASTE. — Oooooooh non ! Je ne peux pas !

ROI LAÏOS, *énervé.* — Ah ça ! Vous commencez à me fatiguer, Jocaste, ô ma Reine ! Faudrait savoir ! Je n'ai pas que ça à faire, moi ! J'ai un pays à commander, des barbares à massacrer, que diable !

REINE JOCASTE, *en pleurs.* — Ô mon Roi ! Ce que vous êtes cruel ! Est-ce qu'on ne pourrait pas seulement l'abandonner ? Les loups le dévoreront ? C'est moins atroce, hein ? hein ? mon Roi ?

ROI LAÏOS. — OK, ma Reine ! Y a qu'à faire comme ça ! (*Sifflant avec deux doigts dans la bouche.*) Fffuuuuuuuit...

(Un berger arrive en courant.)

ROI LAÏOS. — Dépose-moi ça en haut du tas que les loups le croquent !

BERGER N° 1, *s'inclinant jusqu'au sol.* — C'est comme si c'était fait, Votre Majesté...

(Le roi et la reine s'enfuient en courant. Au loin, on entend les loups.)

LES LOUPS. — Ouuuuuuuuuh... Ouuuuuuuuuh...

(Le berger dépose la peluche sur la montagne. Le roi et la reine s'enfuient discrètement, en douce, sans se faire remarquer.)

SCÈNE 3.

La même montagne (grecque). Le bébé est toujours là. De toute façon, il ne peut pas bouger, il a les pieds attachés.

BERGER N° 2, *entrant sur scène.* — Lala lalalala... *(Il est décontracté, il se promène.)* Lala lalalala... *(Il s'arrête.)* Mais que vois-je par là, sur cette montagne ? Serait-ce un enfant qu'on a abandonné pour que les loups ridicules de ces contrées sauvages le dévorent ?

LES LOUPS. — Ouuuuuuuuuh... Ouuuuuuuuuh...

BERGER N° 2. — Et si j'allais l'offrir au roi Polybe... Mmm... J'hésite... *(Il hésite.)* Oui ! Bonne idée !

(Le berger regarde partout. Il prend l'enfant et quitte la scène. Le rideau tombe.)

SCÈNE 4.

Le rideau s'ouvre. On est dans un très beau palais (grec). Le roi Polybe trône sur son trône. Le berger lui donne le Babar.

BERGER N° 2. — Tiens !

ROI POLYBE. — Merci !

ROI POLYBE, *s'adressant à Babar.* — Oh ! Que je suis content de t'avoir trouvé ! Tu seras mon fils !

(Œdipe ne répond rien vu qu'il est bébé. Le rideau tombe.)

SCÈNE 5.

Le rideau s'ouvre. On est dans le même très beau palais (grec). Le roi Polybe a vieilli. Œdipe est devenu un humain.

ROI POLYBE. — Oh ! que tu as grandi, mon fils !

ŒDIPE. — Oui, Père !

(Le rideau tombe.)

SCÈNE 6.

Le rideau s'ouvre. On est enfin dans le temple de l'Oracle. L'Oracle est devant son autel (un genre de table pour Oracle).

L'ORACLE, *faisant bouger sa cape, tournant trois tours sur lui-même, gardant les yeux au plafond, tournant le dos au public.* — Allô ? Les dieux? Ici l'Oracle ! Oui... j'attends Œdipe... Oui... Allô ? Oui ! Si vous avez un message, c'est le moment ! Allô...

ŒDIPE, *entrant en scène en courant.* — Me voilà ! ô Grand Oracle !

L'ORACLE, *s'adressant aux dieux.* — Ah... voilà Œdipe ! Bon... je raccroche, à plus tard... *(S'adressant à Œdipe, l'air menaçant.)* Maudit... C'est à cette heure-là que t'arrives ?

ŒDIPE, *menaçant aussi.* — Appelle-moi Prince, l'Oracle, et sois poli !

L'ORACLE. — Je ne vois rien de super terrible dans ton avenir, ô mon Prince !

ŒDIPE, *embêté*. — Ah bon ?

L'ORACLE. — Tu tueras ton père ! Tu épouseras ta mère ! Tu es maudit, maudit, maudit...

(Œdipe s'enfuit en coulisse. Le rideau tombe.)

SCÈNE 7.

Le rideau s'ouvre. On voit la campagne (grecque). Œdipe roule tranquillement sur son char, bien à droite.

ŒDIPE. — Lala... lalalala... Lala lalalala...

LE PUBLIC, *en chœur.* — Lala... lalalala... Lala lalalala...

(Le char du roi Laïos arrive en trombe, à toute vitesse.)

ROI LAÏOS. — Pousse ta tire, manant !

LES CHEVAUX. — Hiiiiiiii !

ŒDIPE. — T'as pas vu le stop, vieux débris ?

ROI LAÏOS, *en ricanant.* — T'as gagné ton permis à la tombola ?

(Œdipe, qui n'a pas de temps à perdre à répondre à cet imbécile, jaillit de son char. Le duel commence. Ils se poursuivent. Œdipe s'emmêle dans sa tunique grecque. Il se jette dans le public.)

LE CHEVAL D'ŒDIPE. — Aïïïïïïe !

(Laïos le poursuit avec sa sale tête de traître. Les épées font «Schlac ! Schlac ! »)

ŒDIPE, *hurlant.* — À moi, mes frères grecs !

UNE SŒUR GRECQUE, *se précipitant sur le roi.* — Prends ça, chauffard !

ŒDIPE, *hurlant toujours.* — À moiiiii !

(Le Sphinx frappe le roi Laïos à coups d'ailes de papillon.)

LE PUBLIC, *en chœur.* — Vas-y, le Sphinx ! Tue-le !

LES CHEVAUX. — Hiiiiiiii !

(Laïos s'enfuit vers les toilettes. Œdipe et le public le pourchassent et le coincent.)

ŒDIPE, *transperçant Laïos sous le bras.* — Ça... c'est pour t'apprendre le code de la route, vieux chnoque !

ROI LAÏOS, *mourant dans d'atroces souffrances.* — Euuuuuuuuuuuuuh...

LE PUBLIC, *en chœur.* — Hourra ! Hourra !

ŒDIPE, *remontant sur scène.* — Aaaaaaah ! Une bonne chose de faite !

(Œdipe est content. Le rideau tombe.)

SCÈNE 8.

Le rideau s'ouvre. On voit une falaise (grecque) avec un Sphinx dessus.

LE SPHINX, *griffant l'air.* — Reuuuuuurk ! Reuuuuuurk !

ŒDIPE, *arrivant justement sur son char.* — Laisse-moi passer, Sphinx ! Je veux entrer dans cette ville !

ŒDIPE, *répétant, assez énervé.* — Dans cette viiiiille !

(La ville arrive en courant.)

ŒDIPE. — Ah ! Quand même !

LE SPHINX. — Reuuuuuurk ! Jamais tu n'entreras, j'ai fermé les portes ! Je fais régner la terreur sur la ville ! Reuuuuurk !

(Le Sphinx bat des ailes, quelques plumes se décrochent.)

LE SPHINX. — Tu ne franchiras cette porte que si tu réponds à ma question... Reuuuuurk !

ŒDIPE. — Pose toujours !

LE SPHINX. — Si tu échoues, tu mourras !

ŒDIPE. — Pose, j' te dis !

LE SPHINX, *debout sur sa falaise grecque.* — Qui marche le matin sur quatre pattes, le midi sur deux, et le soir sur trois ? Reurk ? Reurk ?

ŒDIPE, *rigolant.* — Trop fastoche ! Même mon cheval connaît la réponse !

LE CHEVAL D'ŒDIPE. — Hiiiiiiiii !

ŒDIPE. — C'est l'Homme !

LE SPHINX, *dégoûté de la vie, se jetant de son carton.* — Reuuuurk ! Tu m'as eu, Œdipe !

LE PUBLIC, *en chœur.* — Bravo ! Bravo !

(Œdipe triomphe. Le rideau tombe.)

Enfin, normalement le rideau tombe.
Vu que dans notre pièce à nous, il s'est carrément écroulé, je ne peux pas vous écrire exactement la suite de la pièce. Mais je vous ai déjà pas mal mâché le travail, non ? Vous pourrez sûrement finir vous-mêmes. Pour vous aider, je vous raconte juste la fin de la légende.

Donc, si le Sphinx n'avait pas pulvérisé le décor, on reprenait pile au moment où les habitants de la ville libérée, pour remercier Baptiste, lui donnaient leur reine Jocaste en mariage. Ils faisaient une grosse fête, ils étaient contents. Des années et des années plus tard (vous pouvez faire comme si ça passait vite, pas obligé de jouer des heures !), le malheur tombait sur la ville. Je ne sais plus trop mais c'était une maladie horrible, genre choléra, angine ou peste. Là, Œdipe faisait sa petite enquête pour savoir pourquoi d'un seul coup tout allait assez mal. Il cherchait, il cherchait, et paf ! un jour, il trouvait ! C'était à cause de lui, les dieux étaient furieux qu'il ait tué son père et épousé sa mère. Pour se punir, Œdipe se crevait les yeux et partait sur les routes. Remarquez que cette scène-là, on avait prévu de ne pas la jouer.

Voilà, ce n'est pas très gai comme fin. Et vous vous

dites peut-être que les dieux grecs auraient pu prévenir Œdipe avant, plutôt que de faire des histoires pareilles ? Je sais, je me le suis dit aussi !
Mais, bon ! Comme dit Mme Lecca, une légende, c'est une légende, et personne ne vous empêche de faire comme nous... coupez-la où vous voulez !

Fin (en vrai)

Humour
JUNIOR / DÈS 10 ANS

Béatrice Bottet

RIFIFI SUR LE MONT OLYMPE

Sélection « 1000 jeunes lecteurs » 1996 UNCBPT

Prix littérature enfantine Martel 1996

Prix de Clermont-Ferrand 1997

Prix du Salon du livre pour enfants de Valenciennes 1997

illustré par Hélène Prince

DU RIFIFI POUR HÉRAKLÈS

illustré par Bruno Heitz

Claude Carré

UNE SOIRÉE D'ENFER

Prix jeunesse Lagny, 1996

Prix des Lecteurs en herbe, Bègles, 1996

Meilleur livre de l'année, collège de Vimoutiers 1996

illustré par Dominique Boll

CADEAU !

LA FIESTA DU SIÈCLE

illustrés par Bill Marshall

WEEK-END SUR MARS

illustré par Pascal Lemaître

Sophie Dieuaide

MA VIE, PAR MINOU JACKSON, CHAT DE SALON

Prix Gayant lecture 2002 de Douai

2e prix Diablotins 2002, Nogent-sur-Oise

1er prix jeunesse du canton de Vaud, Coppet (Suisse) 2004

ŒDIPE, SCHLAC ! SCHLAC !

illustrés par Vanessa Hié

Mervin Peake

LETTRES D'UN ONCLE PERDU

illustré par l'auteur

Pascale Perrier

LA MAISON DES SOUPÇONS

illustré par Marc Lizano

Olivier de Vleeschouwer

MA PREMIÈRE HISTOIRE DRÔLE

illustré par Dominique Cordonnier

Le catalogue de la collection « Romans » est disponible
chez votre libraire ou sur une simple demande.

casterman

36, rue du Chemin-Vert 75011 Paris

www.casterman.com

Conception graphique : Claude Lieber

ISBN 2-203-11936-5

Imprimé en France par PPO Graphic, 93500 Pantin.
Dépôt légal avril 2002; D. 2002/0053/ 135
Déposé au ministère de la Justice, Paris
(loi n° 49.956 du 16 juillet 1949 sur les publications destinées à la jeunesse).